Lieblingsplätze im Bayerischen Wald

Lieblingsplätze im Bayerischen Wald

Bruckner / May / Skalla / Zauner

Autoren und Verlag haben alle Informationen geprüft. Gleichwohl ändern sich Gegebenheiten, daher erfolgen alle Angaben ohne Gewähr. Möchten Sie ein Feedback geben, freuen sich Autoren und Verlag: lieblingsplaetze@gmeiner-verlag.de

Aus Gründen der Lesbarkeit und Sprachästhetik wird in diesem Buch das generische Maskulinum verwendet. Mit der grammatischen Form sind ausdrücklich weibliche sowie alle anderen Geschlechtsidentitäten mit berücksichtigt, insofern dies durch die Aussage geboten ist.

Besuchen Sie uns im Internet:
www.gmeiner-verlag.de

1. Auflage 2023

Im Ehnried 5, 88605 Meßkirch
Telefon 07575/2095-0
info@gmeiner-verlag.de

Lektorat/Redaktion: Anja Kästle
Herstellung: Julia Franze
Bildbearbeitung/Umschlaggestaltung: Susanne Lutz
unter Verwendung der Illustrationen von © SylwiaNowik – stock.adobe.com; © SimpleLine – stock.adobe.com; © Susanne Lutz; © lapencia – stock.adobe.co; © natbasil – stock.adobe.com; © Fiedels – stock.adobe.com
Druck: AZ Druck und Datentechnik GmbH, Kempten
Printed in Germany
ISBN 978-3-8392-0370-5

IM NORDEN DES BAYERISCHEN WALDES

IM HERZEN DES BAYERISCHEN WALDES

IM SÜDEN DES BAYERISCHEN WALDES

IM NORDEN DES BAYERISCHEN WALDES

1

Blick auf den Dom

Domgarten St. Peter
Domplatz 1
93047 Regensburg
0941 5971662
www.bistum-regensburg.de

Der Hutmacher am Dom
Krauterermarkt 1
93047 Regensburg
0941 51840
www.hutkoenig.de

In der Werkstatt der Kirche

Domgarten

Den gesamten Regensburger Dom in aller Kürze zu beschreiben ist unmöglich. Deshalb bleibe ich unmittelbar an meinem Lieblingsplatz stehen – im östlich gelegenen Domgarten. Hier kann ich das wunderbare Bauwerk der Hochgotik, eines der bedeutendsten östlich des Rheins, in aller Ruhe genießen und vor allem in seine Geschichte eintauchen.

An dieser Stelle standen die Vorgängerbauten der heutigen Kathedrale. Bereits 739 n. Chr. gründete der heilige Bonifatius das Bistum, dessen Bischofsresidenz sich an dem Standort im ehemaligen Castra Regina befand, mit der Porta Praetoria daneben. Mehrmals brannten die früheren Gebäude ab, oder sie waren zu klein und wurden prächtiger wiederaufgebaut. Auch der unmittelbare Vorgängerbau des Domes, von dem heute noch der Eselsturm steht, wurde im Jahr 1273 durch einen Brand zerstört. Die Stadt Regensburg, die damals ihren Höhepunkt an Wachstum und Reichtum erreicht hatte, beschloss, stattdessen eine Kathedrale in dem neuen angesagten französischen Baustil zu errichten. Man holte im Nachbarland geschulte Baumeister, die 250 Jahre an diesem imposanten Kunstwerk arbeiten sollten.

Vom Domgarten aus lassen sich die damals architektonischen Neuerungen der Gotik bestens studieren: Die Mauern wurden filigraner und höher als die der früheren Kirchen. Statt das Gewicht von einzelnen mächtigen Mauern tragen zu lassen, wurden nun die gewaltigen Kräfte von einem außenliegenden System an Bögen, Streben und Pfeilern nach unten abgeleitet.

Im Domgarten wird man heute noch Zeuge des ausgeklügelten Bauverfahrens. In der angrenzenden Dombauhütte behauen ein Dutzend Steinmetze Blöcke für die Kathedrale – mit mittelalterlichem Werkzeug, wie es einst genutzt wurde und nun in der eigenen Schmiede hergestellt wird.

Setzen Sie sich gegenüber dem Hauptportal in eines der Cafés, genießen Sie die kulinarischen Genüsse und die Aussicht auf den Dom. Oder Sie lassen sich beim Hutmacher am Dom gleich noch neu »behüten«.

2

Museum der Bayerischen Geschichte
Donaumarkt 1
93047 Regensburg
0941 598510
www.museum.bayern/museum.html

OH WIE SCHÖN IST BAYERN

Museum der Bayerischen Geschichte

Ein Museum nur über Bayern – das muss es doch schon längst geben? Gab es aber nicht, speziell zur Geschichte des jüngeren Bayerns. Daher wurde 2012 beschlossen, ein solches zu bauen und in der »ältesten« Hauptstadt Bayerns zu platzieren – in Regensburg. Einer Stadt mit reicher Vergangenheit, die aber auch für Moderne steht, für den Aufbau in der Zeit nach dem Zweiten Weltkrieg und die Verbindung zu den Nachbarstaaten im Osten.

Der Standort in Regensburg selbst war nicht bei allen sofort beliebt, sind doch die Regensburger sehr sensibel mit Veränderungen ihrer Altstadt. Und auch wenn viel über das Bauwerk diskutiert wird, setzt es doch tolle Akzente: Der Eingangsbereich des Museums findet sich unmittelbar an der Donau und verbindet den Fluss so mit der Stadt. Die Dimension des Gebäudes ist durch Winkel an Fassade und Dach mehrfach gebrochen und nimmt damit die Struktur der Altstadt auf. Besonders schön ist der Blick von der gegenüberliegenden Seite der Donau aus: Dort wirkt das Gebäude wie ein riesiger Fisch.

Auch die Sammlung im Museum lässt einen vieles aus den vergangenen 200 Jahren Bayerns entdecken. Unverzichtbares, wie einiges zu den Königen Ludwig, aber auch Überraschendes, wie Alltagsgegenstände, die Bürger dem neuen Museum spendeten. Erzählt wird, wie der Freistaat Bayern zu dem wurde, was er heute ist und was ihn besonders macht. Das sind nicht nur Königsschlösser oder der FC Bayern, sondern auch die Revolutionen von 1918 (die auch den Namen »Freistaat« erst erfand) oder der Widerstand gegen die Wiederaufbereitungsanlage in Wackersdorf. Mein Lieblingsobjekt: Ein Schild, das auf die Landesgrenze hinwies, aber von einem Baum überwuchert wurde – weil es nicht mehr gebraucht wurde.

Wie schrieb eine der ersten Besucherinnen ins Gästebuch: »How beautiful is Bavaria!«

Spazieren Sie nach dem Museumsbesuch an der Donau stromabwärts bis zur »Königlichen Villa« und dem daneben befindlichen Park und erleben Sie wieder eine andere Seite der Stadt mit viel Grün und Weite.

8

Herzogspark
Württembergstraße 8
93049 Regensburg

Naturkundemuseum Ostbayern
Am Prebrunntor 4
93047 Regensburg
0941 5073443
www.nmo-regensburg.de

IM SCHÖNSTEN GRÜN

Herzogspark

Ein Spaziergang im Herzogspark ist vieles gleichzeitig: erholsam, lehrreich, spannend, aber nie langweilig. Denn obwohl er noch recht jung und eine der kleineren Grünflächen Regensburgs ist, beherbergt er eine Reihe von Bau- und Kunstdenkmälern sowie einen großen Pflanzenreichtum.

Der Rundgang beginnt an der Prebrunnstraße und führt in den Stadtgraben hinab, der im Mittelalter zum Schutz der Siedlung und des wichtigen Prebrunntores ausgehoben wurde. Die hoch aufragenden Mauern stammen allerdings aus dem 17. Jahrhundert, als nach dem Dreißigjährigen Kriege eine mächtige Bastion errichtet und mit Kanonen bestückt wurde.

Zum Glück nimmt einen diese kriegerische Geschichte nicht ein, da die Natur alle Aufmerksamkeit auf sich zieht. Die botanischen Lehrgärten entlang des Weges verraten unter anderem Informationen über die Alpenflora oder Rhododendren. Auf einer Terrasse an der Donau befindet sich ein äußerst schön angelegter Rosengarten. Unmittelbar dahinter versteckt sich einer der größten Bäume der Stadt: eine gewaltige Platane mit mächtigen Ästen.

Erklimmt man die Bastion, kann man gleich den Aufstieg auf den etwa zehn Meter hohen Prebrunnturm anschließen. Er belohnt den Besuch mit einer grandiosen Aussicht auf die Westnerwacht, die Türme im historischen Kern und die vorbeiströmende Donau.

Nach der kleinen Anstrengung lädt abschließend der Renaissancegarten als Kleinod des Parks zum Verweilen ein. In dessen Zentrum steht ein Natursteinbrunnen, zu dem Kieswege an Blumenbeeten vorbeiführen, die von Buchshecken gesäumt und streng geometrisch ausgerichtet sind. Trotzdem wirkt die wohlgeordnete Anlage lieblich. Auf einer Bank mit Blick auf das benachbarte Naturkundemuseum lauscht man dem Gesang der Vogelwelt. Entspannung pur.

Ein Besuch des Naturkundemuseums lohnt sich. Die kleine Sammlung in dem feinen Palais lädt an vielen Stellen zum Mitmachen ein und hält tolle pädagogische Angebote für Kinder bereit. So macht Lernen Spaß!

4

Dorf Kürn
93170 Bernhardswald

Café-Restaurant Am Schlossberg
Schlossberg 1
93128 Regenstauf
09402 9485585
www.schlossberg-regenstauf.com

ALLE WEGE FÜHREN STEIL BERGAUF!

Dorf Kürn

Die Wege nach Kürn sind grundverschieden, aber in einem Punkt immer gleich: Es geht stets steil bergauf!

Die direkte Strecke von Regensburg aus ist die Staatsstraße über das Dorf Fußenberg. Sie führt kurvenreich bergan, am Rand sind die Reste der alten Straße und kurz vor Kürn linker Hand eine idyllische Allee mit mächtigen Linden zu sehen. Die Anfahrt aus Karlstein im Nordwesten steigt noch stärker an und passiert Ortsteile mit den schönen Namen Maad, Schneitweg, Gfangen sowie meine absoluten Favoriten: Ober- und Unterlipplgüttl! Den Anstieg mit dem größten Höhenunterschied jedoch bildet der im Westen von Löchl aus. Der beschauliche Weiler liegt tief unten im Gambachtal und wer von hier zu Fuß oder mit dem Rad Kürn erreicht, der hat wirklich eine Leistung vollbracht! Am besten startet man den herrlichen Ausflug beim Burgstall Hauzenstein, am sprudelnden Gambach entlang und an Weiderindern vorbei durch eine ursprüngliche Landschaft.

Zur Belohnung kann man sich in Kürn im Gasthaus *Zur Post*, gleich hinter dem hübschen Schloss, mit kulinarischen Schmankerl etwas Gutes tun. Ist der Durst gelöscht und der Hunger gestillt, sollte man um das Gasthaus herum spazieren. Es wartet ein prächtiger Ausblick über den Falkensteiner Vorwald bis zu den Riesen des Oberen Bayerischen Waldes um den Hohen Bogen und den Großen Arber.

Und wenn wir an einem lauen Abend den Sonnenuntergang bis zum letzten Strahl genießen wollen, unternehmen wir noch einen kleinen Ausflug. Zunächst laufen wir zum Ortseingang im Süden. Dort geht es von der bereits erwähnten Lindenallee weiter zur Diensthütte der Bergwacht, 100 Meter oberhalb. Diese passieren wir und schlendern zum Waldrand, wo sich eine spektakuläre Aussicht über die bewaldeten Höhen nach Westen bis zum Horizont öffnet. Da geht einem das Herz auf!

Machen Sie auf dem Rückweg nach Karlstein einen Abstecher nach Regenstauf. Am Schlossberg laden ein Aussichtsturm, ein Spielplatz und ein herrlich gelegenes Café daneben zu weiteren Erkundungen ein.

5

Kloster Reichenbach
Eustachius-Kugler-Straße 2
93189 Reichenbach
09464 100
www.barmherzige-behindertenhilfe.de

Kloster Walderbach
Adolf-Kolping-Straße 3
93194 Walderbach

IDEAL ROMANISCHER ARCHITEKTUR

Kloster Reichenbach

Fährt man das Regental von Nittenau aufwärts, erhebt sich ein mächtiges Bauwerk: das ehemalige Kloster Reichenbach. Es dominiert die Umgebung auf einer nach drei Seiten abfallenden Anhöhe am linken Flussufer. Der herrlichste Blick auf die Anlage eröffnet sich auf der Regenbrücke, wo sich Kirche und Stiftsmauer im darunter fließenden Wasser spiegeln. Der Bau erinnert aus dieser Perspektive an eine Burg.

Vor über 900 Jahren von Benediktinern gegründet, überstrahlt die frühere Klosterkirche als Ideal romanischer Architektur die gesamte Anlage. Die Türme ragen hoch in den Himmel. Mächtig, beständig und zugleich harmonisch wirkt das Bauwerk vor allem aufgrund der großen Granitquader, mit denen es verblendet ist.

Dass die Abtei eine der bedeutendsten der Oberpfalz ist, erahnt man, wenn man um das Kloster herum nach oben zum Haupteingang geht oder fährt. Gebäude reiht sich an Gebäude, der imposante Konvent thront stets über allem. Seit 1890 nennen die Barmherzigen Brüder das Stift ihr Domizil und betreiben heute eine Einrichtung für Menschen mit Behinderungen sowie eine Fachschule für Heilerziehungspflege. Die Anlage ist dennoch Gästen zugänglich.

Damit sich die Wirkung der einmaligen Architektur entfalten kann, sollte man unbedingt durch den Innenhof mit dem kunstfertigen Brunnen zur barocken Kirche gehen. Nach einem Rundgang durch das Gotteshaus kann man das Panorama genießen und den Besuch in der Klosterschenke genussvoll bei Speis und Trank ausklingen lassen.

Im benachbarten Walderbach befand sich ebenfalls ein Kloster, von dem noch die beeindruckende Kirche besichtigt werden kann. Das danebenstehende Stiftsgebäude wartet allerdings bislang auf eine neue Nutzung.

6

Naturschutzgebiet Hölle
Postfelden 20
93191 Rettenbach
www.rettenbach.eu

Kloster Frauenzell
Frauenzell 5
93179 Brennberg
09484 273
www.pfarrei-brennberg.de

SCHÖNE UNTERWELT

Naturschutzgebiet Hölle

Jetzt geht's in die Hölle! Wirklich – aber in eine sehr idyllische, die noch dazu großes Vergnügen bereiten kann!

Wir starten unsere Wanderung in Brennberg und gönnen uns zuerst einen kleinen Spaziergang zur dortigen Burgruine. An diesem wunderschönen klaren Sommermorgen lohnt sich der Besuch besonders, denn von diesem Standort aus, am höchsten Punkt im gesamten Landkreis, können wir weit über den Falkensteiner Vorwald und die Donauebene bis in die Alpen blicken. Die erscheinen heute zum Greifen nah, obwohl sie doch über 150 Kilometer entfernt liegen.

Jetzt geht es aber tief hinab, vorbei an herrlich blühenden Wiesen, bis zum Flussbett des Höllbaches. Das Tal hat der Wasserlauf im Laufe von Jahrmillionen in den Vorwald gegraben. Als wir ihm aufwärts folgen, wird das Rauschen immer lauter. Und plötzlich sehen wir die Quelle dessen: Der Höllbach scheint einer gewaltigen Halde riesiger Steine zu entspringen! Beim genaueren Hinsehen entdecken wir jedoch, dass der Bach vielmehr seinen Weg an den Blöcken vorbei gefunden hat. Sie bestehen aus Granit, sind vor vielen Millionen Jahren tief im Erdinneren aus Feldspat, Gneis und Glimmer entstanden, irgendwann an die Oberfläche gehoben und dort von der Verwitterung geformt worden. Nach und nach wurden sie rund abgeschliffen und an diese Stelle verfrachtet, wo sie den Höllbach blockierten.

Wir folgen dessen weiteren Verlauf entgegen der Strömung. Und das ist eine wahre Freude: Wir springen von Stein zu Stein, lauschen dem tiefen Rauschen und Gurgeln. Stets darauf bedacht, nicht abzurutschen, was aber trotzdem manchmal passiert. Dann verschafft das Wasser Kühlung. Am Ende waten wir barfuß durch das Flussbett. Zurück marschieren wir auf dem weichen Waldboden – und das ist ohne Schuhwerk ein herrliches Gefühl, wenn auch manchmal etwas stachelig.

Im nahen Brennberger Ortsteil Frauenzell steht das gleichnamige Kloster, eine ehemalige Benediktinerabtei mit einer schönen Rokokokirche, in der aufwendige Stuckaturen sowie ein Deckenfresko zu finden sind.

7

Burg Falkenstein
Burgstraße 10
93167 Falkenstein
09462 942220
www.markt-falkenstein.eu

Kirche Marienstein
Eder Johann Gaststätte
Marienstein 3
93167 Falkenstein

DURCH DEN HOHLEN STEIN

Burg Falkenstein

Wer kennt das nicht: Es ist ein schöner freier Tag, Zeit für einen Ausflug. Also auf nach Falkenstein, ein absolutes Highlight für Groß und Klein. Schon die Anfahrt durch den Falkensteiner Vorwald ist ein Genuss. Hügel, Berge, und Täler wechseln sich ab, Wiesen und Wälder und Städtchen ziehen vorüber. Vor allem die immer wieder vereinzelt emporragenden Granitblöcke ziehen die Blicke auf sich.

Schließlich taucht am Horizont die mächtige Falkensteiner Festung auf einem Felsenberg auf. Zunächst aber wandern wir ihr zu Fuße durch den Burgberg auf gewundenen Wegen, vorbei an und mitten durch eine Reihe von Felsformationen. Sie tragen nicht nur einfallsreiche Namen wie Hohler Stein oder Froschmaul, sondern beflügeln auch die Fantasie! Die riesigen Steinblöcke im Wald verströmen eine unmittelbare Ahnung von der Urgewalt, die diese Landschaft im Verlauf der langen Erdgeschichte geschaffen hat.

Nun geht es aber hinein in die Burg und gleich ganz hinauf auf den Turm. Über viele verschlungene und immer steiler werdende Treppen erreichen wir die Spitze. Dabei kommen wir an einer Kammer vorbei, in der mittelalterliches Werkzeug wie Foltergerätschaften oder ein Pranger zu sehen sind. Nachdem uns beim Anblick ein Schauder überfallen hat, verfliegt dieser angesichts des Panoramas von der Turmspitze. Die Aussicht reicht über die Festungsanlage, den Berg, den ganzen Vorwald bis tief hinein in den Bayerischen Wald. Dort grüßen der Hohe Bogen sowie der Große Arber, Letzterer noch mit einer Schneehaube geziert. Nach dem Abstieg halten wir im Burghof inne und gönnen uns in der Schenke eine Stärkung.

Im kleinen Ortsteil Marienstein liegen eine bescheidene Marienkapelle und daneben ein uriges Wirtshaus idyllisch auf einer Bergkuppe, auf der sich wohl bereits in vorchristlicher Zeit eine Kultstätte befand.

8

Knallerbsenhof
Aukenzell 2
93167 Falkenstein
09462 1888434
www.knallerbsenhof.de

FERIEN WIE IM BILDERBUCH

Knallerbsenhof in Aukenzell

Knallerbsenhof – schon der Name weckt bei mir Assoziationen vom Leben in Bullerbü. Endgültig zurückversetzt in die heile Welt der Geschichten meiner Kindheit fühle ich mich, als ich aus dem Auto aussteige und vor den blau-weiß gestrichenen Häusern stehe. Von irgendwo her höre ich Gänse schnattern, ein Hund bellt, Ziegen meckern und war das nicht der Schrei eines Esels? Schon kommt mir die jüngste der drei Generationen, die den Hof bewohnen, entgegengelaufen und stellt mir die beiden Kater vor, die sich in der Sonne räkeln. Eigentlich schade, dass ich in der Nähe des *Knallerbsenhofes* wohne, denn ein Urlaub hier wäre wirklich verlockend. Ob allein, zu zweit oder mit mehreren – auch vierbeinigen – Familienmitgliedern: Aukenzell ist der perfekte Ort, um abzuschalten, die Seele baumeln zu lassen und selbstvergessenem Spiel nachzugehen.

Auf 600 Metern Höhe mitten im Nirgendwo ist die Luft gut und Verkehrslärm ein Fremdwort. Trotzdem ist die Lage zentral genug, um verschiedenste Ausflüge zu unternehmen – falls man die Idylle überhaupt verlassen will. Bei schönem Wetter locken die stillen Ecken auf dem Gelände, von denen aus man den Tieren zusehen und das Hofleben beobachten kann, während sich die Jüngsten auf dem Spielplatz austoben. Drinnen gibt es ebenfalls ausreichend Platz zum Entspannen, Kochen und Spielen. Die Gebäude, allen voran das 2020 renovierte Blockhaus, wirken zwar von außen, als sei die Zeit stehen geblieben, sind aber innen nicht nur modern und individuell eingerichtet, sondern auch auf dem neuesten technischen Stand: Kostenloses WLAN und ein Flachbildfernseher sorgen dafür, dass Regentage leicht zu überbrücken sind. Wer im Urlaub durchaus gerne auf diese Segnungen der modernen Technik verzichtet, setzt sich mit einem Buch vor den Kamin.

Den *Knallerbsenhof* kann man von Falkenstein aus auch zu Fuß über den 2018 neu eröffneten *Goaßnweg* erreichen. Die gut vier Kilometer lange Tour startet am Marktplatz des Ortes und endet beim Hof.

9

Bauerngolf der DJK Altenmarkt 1967
Prälat-Wolker-Straße 1
93413 Cham
09971 3605
http://bauerngolf.bucher-michael.de

Klostermühle Altenmarkt Ländliches Kulturzentrum
Altenmarkt 6
93413 Cham
09971 760871
www.klostermuehle-altenmarkt.de

LEITERWAGEN STATT GOLFCART

Bauerngolf

Die Platzreife braucht keiner, der hier den Ball in das dafür vorgesehene Loch befördern will, und Trainingsstunden müssen ebenfalls nicht absolviert werden. Bauerngolf hält, was der Name verspricht: es ist ein Riesenspaß für Familien und Gruppen, kann aber auch gut zu zweit gespielt werden. Das »Hole« besteht aus einem im Boden eingelassenen Eimer, und die Schläger waren ursprünglich einmal Besenstiele, an deren Ende ein Holzschuh befestigt wurde. Zahlreiche Hindernisse erschweren das Einlochen des Balls, der selbstverständlich nicht klein und weiß, sondern groß und aus Leder ist. Bei diesem Spiel ist alles etwas größer, robuster und deutlich weniger edel als bei seinem Namensvetter, weswegen es selbst für Kinder im Vorschulalter ab circa vier Jahren schon bestens geeignet ist.

Ausgerüstet mit einem Leiterwagen für die Getränke, Kleidung oder für müde Vierbeiner und kleine Zweibeiner ziehen wir los. Auf gut einem Kilometer Bahnlänge gilt es, landwirtschaftliche Hindernisse wie Brennholzstapel, Rohre und Autoreifen zu bewältigen und mit möglichst wenig Schlägen einzulochen. Je nach Spielerzahl und Pausen braucht man dafür eineinhalb bis zwei Stunden. Den Golfrasen sucht man natürlich genauso vergeblich wie das Putting Green. Gespielt wird mitten in der Natur auf der Wiese, und es empfiehlt sich daher, statt schicker Sportmode feste Schuhe und robuste Kleidung zu tragen. Der Parcours verläuft durch die Regentalauen bis zum Quadfeldmühlbach und bietet eine schöne Aussicht auf die Altstadt von Cham. Ein ideales Gelände nicht nur für Kinder, sondern auch für Hunde, die den Nachmittag in der Natur genauso genießen wie ihre Familien. Wer noch einen Spaziergang anschließen möchte, findet zahlreiche Wege in der Umgebung.

Ganz in der Nähe liegt das ländliche Kulturzentrum Klostermühle mit einem Bauernladen, der Produkte aus der Region anbietet.

10

Marktplatzbrunnen
Marktplatz
93413 Cham

Touristinformation Cham
Kirchplatz 1
93413 Cham
09971 8579410
www.cham.de

WO GRAF LUCKNER SPUCKT

Marktplatzbrunnen

Wer just um 12.05 Uhr über den Marktplatz schlendert, hält vielleicht plötzlich an und lauscht überrascht der *Marseillaise*, die vom Rathausglockenturm ertönt. Steht man dabei in der Nähe des Marktplatzbrunnens, wird man womöglich von hinten mit einem Wasserstrahl bespritzt. Wer sich jetzt erschrocken umdreht, sieht in das bronzene Gesicht eines wasserspuckenden Mannes in Uniform, der seinen Blick dem Rathaus zuwendet. In der Figur erkennen wir den berühmtesten Sohn der Stadt. Johann Nikolaus Luckner war Gastwirtskind und wurde 1722 in Cham geboren. Bald zog es ihn zum Militär. Er wurde in den Adelsstand erhoben und brachte es in der französischen Armee bis zum Marschall. Als Führer der Rheinarmee war er so hochgeschätzt, dass man ihm ein Lied widmete, das später die Nationalhymne Frankreichs werden sollte, die *Marseillaise*. Es ist also nicht verwunderlich, dass man sie hier in der Oberpfalz hört.

Aber wenden wir uns wieder dem Brunnen zu, der 1995 von dem Künstler Joseph Michael Neustifter geschaffen wurde. Er lässt Luckner auf einem Baumstamm sitzen, nicht allein, sondern er stellt ihm noch Gestalten aus der Sagenwelt der Gegend zur Seite. Da ist einmal der Bilmesschneider, der goldene Sicheln an den Waden trägt. Damit streift er durch die Felder und stiehlt Getreide. Die Brunnenfigur hat reichlich geerntet. In beiden Händen hält sie Getreidebündel und einen Fisch, den sie vielleicht aus dem nahen Seenland geholt hat. Die dritte im Bunde ist die Waldhexe, die sich in ihrem Handspiegel bewundert, während ihre Kinder den Menschen zuwinken. In dem Baumstamm, auf dem sie sitzt, ist folgende Mahnung eingraviert: »Die Wälder gehen den Menschen voraus, die Wüsten folgen.«

Die Figurengruppe bildet den Mittelpunkt einer acht Meter durchmessenden konvexen Linse, über die sich das Wasser schleierförmig ergießt und den Brunnen zu einem imposanten raumbestimmenden Element macht.

In der Stadtpfarrkirche St. Jakob sind vor allem die Deckengemälde und -verzierungen sehenswert.

11

Kirche Mariä Himmelfahrt
Chammünster 45
93413 Cham

Informationen zur Kirche erteilt das
Pfarramt Chammünster
Chammünster 44
93413 Cham
09971 9965924
www.pfarrei-chammuenster.de

WIE DER »WOID« CHRISTLICH WURDE

Kirche Mariä Himmelfahrt in Chammünster

Das Wappen des Landkreises Cham zeigt neben den bayerischen Rauten eine weiße Kirche auf rotem Grund. Es ist keine beliebige Kirche, die hier dargestellt wird, sondern die Urkirche des oberen Bayerischen Waldes, die *cella ad chambe*. Seit dem Jahr 739 gab es in Chammünster ein kleines Kloster, in dem Mönche aus Regensburg nach den Regeln des hl. Benedikt den Bayerisch-Böhmischen Wald missionierten und kultivierten.

Die ursprüngliche Kirche, wahrscheinlich aus Holz, wurde um 900 von den Ungarn zerstört. An ihrer Stelle wurde eine romanische Kirche erbaut, die den Böhmen zum Opfer fiel. Im 13. Jahrhundert entstand ein frühgotischer Bau, der die Hussitenkriege nicht überstand. Auf den Resten wurde eine vierte Kirche im spätgotischen Stil errichtet, die wir heute noch vorfinden. Schon von außen ist die Dreischiffigkeit der Hallenkirche zu erkennen. Die beiden wuchtigen Türme bilden den äußeren Abschluss der Seitenschiffe. Wenn man die Kirche betritt, wird die Dreigliedrigkeit durch zwei mächtige Säulenreihen aus Sandstein hergestellt. Ausgehend von den Kapitellen erhebt sich ein überraschend zartes Rippengewölbe aus gebranntem Ton, das einen interessanten Kontrast zu dem Sandstein und den weißen Wandflächen bildet. Auf den ersten Blick fast ein wenig schockierend wirkt der spätbarocke Hauptaltar, der in seiner goldenen Verspieltheit so gar nicht zu der klaren Baustruktur der Kirche passen will. Aber nach kurzer Zeit gewöhnt man sich daran und entdeckt nach und nach die anderen Besonderheiten und Schönheiten der Kirche, von denen uns besonders die Kanzel, ein romanischer Taufstein, ein Gobelin im Altarraum und verschiedene Fresken gefallen. Am besten, man erfüllt alle drei Forderungen des Spruches, der in der Kirche aufgehängt wurde: »Wenn du glaubst: Bete! Wenn du nicht glaubst: Bewundere! Wenn du gebildet bist: Zeige Ehrfurcht!«

Nach der Besichtigung einkehren im gemütlichen Gasthaus *Am Ödenturm*. Hier kann man auch übernachten.

12

Nietzscheweg
Startpunkt:
Wanderparkplatz
Lamberg-Nietzsche Weg
Lamberger Straße
93413 Cham-
Chammünster
www.wirtshaus-lamberg.de

Touristinformation Cham
Kirchplatz 1
93413 Cham
09971 8579410
www.cham.de

WO NIETZSCHE FÜR DEN ZARATHUSTRA ÜBTE

Nietzscheweg ab Chammünster

Es war zu der Zeit, als Nietzsche (1844–1900) gerade erst zu Nietzsche, dem genialen Denker und »Umwerter aller Werte«, wurde. Sils Maria, der Lehrstuhl in Basel, die Begegnung mit Lou Andreas-Salomé, der geniale Einfall, sich mit Zarathustra einen philosophischen Bauchredner zu erfinden – all das lag noch in weiter Ferne. Nietzsche war gerade mal 23 und studierte in Leipzig Philologie, wo er unter anderem den geistesverwandten Kommilitonen Erwin Rohde kennenlernte.

Man trank miteinander, diskutierte nächtelang, ging dann, in Bonn, zusammen ins Bordell und fasste 1867 den Entschluss, gemeinsam den Lamberg bei Cham zu besteigen, um die herrliche Aussicht vom Gipfel über den Bayerischen Wald zu genießen und später von einer Bank aus, die es heute noch gibt, nach Cham und zum Rötelsee-Weiher hinüberzuschauen. Schriftführer des Ausflugs war Rohde, der ihre Eindrücke eifrig in sein Tagebuch notierte. Er liefert die Stichworte zu diesem Ausflug der Freunde, an den heute der rund fünf Kilometer lange Nietzscheweg erinnert. Ein eigens herausgegebenes Prospekt der Chamer Touristinfo vermittelt Hintergründe und eine Wegbeschreibung.

Weil im Bayerischen Wald kaum etwas ohne den Universalgelehrten Bernhard Setzwein geht, war er an der Idee und Ausschilderung des Nietzsche-Wanderwegs maßgeblich beteiligt. Im informativen Prospekt erkennt man seine Handschrift, ebenso auf den Tafeln am Weg. Cham und Umgebung sind damit um eine Attraktion reicher.

Den Weg kann man freilich auch begehen, wenn man nie eine Zeile von Nietzsche gelesen hat. Der Ausblick vom Lamberg ist großartig, die Wallfahrtskapelle der Hl. Walburga sehenswert.

Pause machen und einkehren im Wirtshaus auf dem Lamberg. Öffnungszeiten stehen auf der Website.

13

Lučina/Grafenried
Startpunkt:
Ortsende Untergrafenried
(nach Nr. 45)
CZ-344 01 Nemanice

Burgruine Treffelstein
Am Drachenturm 3
D-93492 Treffelstein
www.treffelstein.de

DAS VERSCHWUNDENE DORF

Wüstung Lučina

Was für eine dramatische Geschichte dieses Lučina (Grafenried) erfahren hat! Das heute verlassene Dorf auf der Gemarkung von Nemanice (Wassersuppen) wurde vor über 1.000 Jahren besiedelt, obwohl das Leben sicherlich nie einfach war. Auf 650 Meter Höhe pfeift oft der eisige Wind, und die Winter scheinen ewig zu dauern. Da die Siedlung an der Scheide zwischen Bayern und Böhmen, zwischen Ost und West lag, war sie schon immer territorialen Kämpfen ausgesetzt. Mehrfach wurde der beschauliche Ort zerstört und doch wiederaufgebaut. Insbesondere die Glashütten brachten der Gemeinde jedoch einen kleinen, wenn auch bescheidenen Wohlstand. Es gab eine Schule, eine Kapelle und eine eigene Brauerei. Zu Beginn des Zweiten Weltkriegs lebten etwa 800 Menschen in Lučina.

Nach dem Ende des Kriegs mussten die Bewohner, nahezu ausschließlich Sudetendeutsche, ihre Heimat verlassen. Da der Ort für die tschechoslowakischen Machthaber zu nahe an der Grenze lag, wurde er – wie viele andere auch – zum Sperrgebiet erklärt und dem Erdboden gleichgemacht. Lediglich die Kapelle blieb bis 1970 erhalten, wurde jedoch letztendlich ebenfalls abgerissen. Mit der Zeit bedeckten Wald, Moos und Strauchwerk die Bauruinen. Lediglich Mauerreste, der Friedhof und vereinzelte Obstbäume erinnerten noch an das Leben, das sich einst hier abspielte.

Um das Jahr 2011 begannen schließlich ein Nachkomme früherer Bewohner und ein tschechischer Historiker, die Überreste der Kirche freizulegen und zu restaurieren. Es folgten weitere Gebäude, die Spuren der Siedlung wurden wieder sichtbar. Heute wird in Lučina wissenschaftlich gearbeitet, die Ausgrabungen werden gesichert und als Gedenken der Nachwelt erhalten. Und das gemeinsam von Tschechen und Bayern, ohne Aufrechnung von Schuld – ein besonderer Platz!

Im nur wenige Kilometer entfernten Ort Treffelstein findet sich die gleichnamige Burgruine mitten im Ort. Der noch erhaltene Bergfried bietet einen hübschen Rundblick über die Umgebung.

14

Einberghof
Daberger Straße 65
93437 Furth im Wald
0175 4483311
www.einberghof.de

MIT ALPAKAS AUF TOUR

Einberghof

Auf dem Misthaufen scharren die Hühner, von der Krone des Apfelbaums herab beäugt eine Katze skeptisch das Geschehen, Schwalben ziehen in der Scheune ihre Jungen groß – die Idylle trügt ausnahmsweise nicht. Beim Anblick von Himbeerhecken, in denen Amseln brüten, und ausschließlich mit Muskelkraft bearbeiteten Gemüsebeeten fühlt man sich beinahe zurückversetzt ins letzte Jahrhundert – wären da nicht die Weiden hinter dem Hof. Hier grasen weder Kühe noch Ziegen oder Schafe, sondern Alpakas. Diese neugierigen Neuweltkamele begrüßen Besucher schon am Zaun mit leisen, summenden Lauten. Während jedoch die Stuten mit ihren Fohlen nur ungern das Grundstück verlassen, sind die »Jungs« kleinen Spaziergängen in die Umgebung nicht abgeneigt.

Wie der Name schon vermuten lässt, liegt direkt hinter dem gut 100 Jahre alten Gehöft der Einberg, ein grüner Hügel mit Blick über die Chamb-Auen und die Stadt Furth im Wald. Der Hofladen bietet eine Auswahl an selbsterzeugtem Obst und Gemüse, Apfelsaft und Kleidungsstücken aus Alpakawolle an. Neben verschiedenen saisonalen Veranstaltungen sind jedoch die Alpakaspaziergänge durch die umliegende Landschaft ein Highlight. Dabei geht es in gemütlichem Tempo vorbei an Blühwiesen und alten Apfelbäumen.

Auf unserer Tour passieren wir den Wildgarten oder gehen sogar eine kurze Strecke durch das Gelände. Das reicht aber allenfalls nur, um die Neugier zu wecken. Richtig interessant wird dieses lohnende Ausflugsziel erst, wenn man ohne die Alpakas in aller Ruhe die verschlungenen Pfade erkunden, ein Baumhaus erklimmen, über Hängebrücken balancieren und heimischen Teichbewohnern in der Unterwasserbeobachtungsstation in die Augen schauen kann.

Beide Ausflugsziele sind für die ganze Familie geeignet, Hunde eingeschlossen. Bei Alpakaspaziergängen bitte bei der Buchung angeben, ob ein Vierbeiner dabei ist.

15

Felsengänge
Kramerstraße
(nahe Stadtplatz)
93437 Furth im Wald
09973 1229
www.drachenschmiede-fliederwisch-furth.de

UNTERWELT FÜR MUTIGE

Felsengänge

Es gießt, ist eiskalt oder tropisch heiß? Da gibt's nur eins: Abtauchen in den Untergrund! Das ganze Jahr über herrschen hier konstant acht Grad plus und man ist vor Niederschlägen aller Art sicher. Das Erforschen der Wege unter der Stadt ist ein aufregender Spaß. Die Wege und Keller, die heute ein unterirdisches Labyrinth bilden, wurden im Mittelalter in den Gneis geschlagen und erfuhren im Laufe der Jahrhunderte verschiedene Nutzungen. Manchmal wird in den dunklen Gängen mit ausgebildeten Hunden, sogenannten Mantrailern, die Vermisstensuche trainiert.

»Immer rechts abbiegen«, werden wir beim Betreten gewarnt. Mit keinerlei Orientierungssinn ausgestattet, flößen mir die Worte ordentlich Respekt ein, aber wir haben ja unseren Hund dabei und stürzen uns mutig in die Tiefe. Stürzen ist dabei fast wörtlich zu nehmen: Die Luftfeuchtigkeit ist enorm hoch und der Boden entsprechend glitschig. Gutes Schuhwerk ist wichtig, und wer nicht gut zu Fuß oder auf den Pfoten ist, wird nicht viel Freude an den Felsengängen haben. Alle anderen genießen aber den Ausflug in die Vergangenheit und in eine Sagenwelt, bei dem man Fundstücke der Ausgrabungsarbeiten wie Waffen, Geschirr und Knochen ebenso im Kerzenschein bestaunen kann wie einen Drachenkopf und den in seiner Höhle dösenden »Erdmann«. Als Schlafraum dienen die Gewölbe aber nicht nur Sagengestalten, auch Fledermäuse überwintern in der geschützten Umgebung. Beim Klang der Sirene im Luftschutzkeller bekommt jeder eine Gänsehaut, der noch die Erzählungen von Eltern und Großeltern im Ohr hat, oder gar selbst den Zweiten Weltkrieg miterlebt hat. Man stellt sich lieber nicht vor, wie es gewesen sein mag, hier unten zu sitzen und über sich Tiefflieger und Bombeneinschläge zu hören.

Nur ein paar Meter entfernt liegt der Stadtplatz mit verschiedenen Einkehrmöglichkeiten.

Gipfelkreuz auf dem Haidstein

16

Franziskanergarten am Haus zur Aussaat
Klosterplatz 1
93453 Neukirchen
b. Hl. Blut
09947 902885
www.haus-zur-aussaat.de

Gruppenführungen buchbar bei der **Touristinformation Neukirchen b. Hl. Blut**
Marktplatz 10
93453 Neukirchen
b. Hl. Blut
09947 940821
www.neukirchen.bayern

ES BEGANN MIT EINEM SCHWERTHIEB

Franziskanergarten

Die Geschichte von Neukirchen beim Heiligen Blut ist eng verknüpft mit einer Legende: Einst hieb ein böhmischer Hussit einer hölzernen Madonnenstatue mit dem Schwert in den Kopf. Aus der Wunde floss Blut, und dieses Wunder machte Neukirchen zum Wallfahrtsort. Die Bürger lebten gut von den durstigen Pilgern, denen sie ihr Bier verkauften. Als der Pilgerstrom zunahm, suchte der örtliche Pfarrer Hilfe durch einen Orden. Dieser durfte aber kein Bier brauen, um den Bewohnern nicht zur Konkurrenz zu werden. Die Franziskaner erfüllten als Einzige diese Vorgabe und so wurde für sie das Kloster gebaut. Es besteht seit 1656 ununterbrochen, wenngleich heute nur noch wenige Mönche darin leben. Ein Teil des Klosters wurde mittlerweile zu einem Wallfahrts-, Begegnungs- und Umweltbildungszentrum umgebaut, und seit der Grenzöffnung kommen wieder viele Tschechen in die Kirche.

Der große Klostergarten wurde einst von den Mönchen zur Selbstversorgung angelegt, konnte aber nicht erhalten werden. Inzwischen wurde er wiederbelebt. Mithilfe der Bevölkerung entstanden verschiedene Gartenteile im Sinn des Heiligen Franz von Assisi. Dem Sonnengebet des Heiligen ist ein zentraler Platz gewidmet, der gern aufgesucht wird.

Im Apothekergarten sind Heilkräuter nach ihren Wirkbereichen angeordnet. Für viele Leiden ist ein Kraut zu finden, und auch die Würzkräuter wurden nicht vergessen. Für Kleintiere gibt es ein Feuchtbiotop, für Vögel sind verschiedenste Beerensträucher ein Paradies. Bienen und andere Insekten finden einen reich gedeckten Tisch im Trachtpflanzengarten, so der Fachbegriff, in dem es vom frühen Frühjahr bis zum späten Herbst blüht. Ein Rosenbeet mit seltenen Sorten verschönt die Gartenmauer, an der die Geschichte des Franziskanerordens dargestellt wird.

Schauen Sie mal wieder vorbei, der Garten wird stets erweitert und entspricht so seinem zentralen Thema »Bewahrung der Schöpfung«.

Berghaus Schönblick
Hohenbogen 1
93453 Neukirchen
b. Hl. Blut
09947 902949
www.schoenblick-
hohenbogen.de

NICHT ZU VIEL VERSPROCHEN

Berghaus Schönblick

Die Aussicht hält, was der Name verspricht: Bei gutem Wetter kann man von der Terrasse des Gasthofs aus weit über Bayern und Böhmen schauen. Wer sich für den etwas anspruchsvolleren Wanderweg entscheidet, hat zwischendurch immer wieder Ausblicke auf die umgebende Landschaft, quert kleine Rinnsale und klettert über einen felsigen Steig nach oben. Das ist zwar nicht gefährlich, aber etwas Trittsicherheit ist erforderlich. Bequemer und barrierefrei ist der Kinderwagenweg, der gleich neben dem Parkplatz beginnt. Allerdings ist das auch die weniger spannende Variante. Abenteuerlustigere ziehen den oben erwähnten Pfad vor. Um dorthin zu gelangen, folgt man nach dem Parkplatz noch ein kleines Stück der Teerstraße bergauf. Nach etwa 150 Metern zweigt rechts der gut ausgeschilderte Weg in den Wald ab.

Das Berghaus Schönblick auf 1.000 Metern Höhe bietet alles, was man von einer solchen Gaststätte erwartet: eine urige Stube mit hübscher Terrasse, bezahlbare bayerisch-österreichische Küche und oft sogar echte Volksmusik von Gruppen aus der Umgebung. Viele freuen sich während des etwa einstündigen Aufstiegs auf einen Schweinsbraten aus dem Holzbackofen. Der *Hoibadotsch* (eine Art Heidelbeerpfannkuchen) und der hausgemachte Kaiserschmarrn locken indessen nicht nur Vegetarier auf den Gipfel des *Hohen Bogen*.

Hunde sind herzlich willkommen und niemand stört sich daran, wenn das letzte Stück Schnitzel für den Vierbeiner aufgehoben wird. Wer einen Sonnenaufgang am Berg erleben und fernab vom Alltagstrubel entspannen will, sollte sich eine Übernachtung in einem der gemütlichen, mit Holz und Stein ausgestatteten Zimmer des Berghauses gönnen – auch hier sind vierbeinige Familienmitglieder selbstverständlich dabei.

Besucht man im Dezember das Berghaus, ist der *Bergwinter* in der Weihnachtszeit unbedingt einen Abstecher wert. Der romantische Markt auf 1.000 Metern Höhe ist ein echter Geheimtipp.

18

Kolmsteiner Hof
Kolmstein
Kreuzwegstraße 9
93453 Neukirchen
b. Hl. Blut
09947 444
www.kolmsteiner-hof.de

Kolmsteiner Höhenweg
Startpunkt: **Waldschlößl**
Waldschlößlstraße 12
93453 Neukirchen
b. Hl. Blut
09947 904190
www.hotel-waldschloessl.de

KLEIN ABER FEIN

Kolmsteiner Hof und Höhenweg

Stolze 15 Prozent Steigung sind bei der Anfahrt zum Kolmsteiner Hof zu überwinden, aber am Ende der Kreuzwegstraße werden hungrige Ausflügler belohnt. Schon in den 50er-Jahren des vergangenen Jahrhunderts wurden direkt neben der Kirche *Maria Schmerzensmutter* Wallfahrer mit Kaffee und Kuchen bewirtet. Seitdem wurde das Angebot kontinuierlich erweitert und heute bieten die Wirtsleute neben hausgemachten süßen Leckereien auch herzhafte regionale Gerichte an. Besonders spezialisiert hat sich die Küche auf die Verarbeitung heimischer Kräuter und die *Nudeltage* im Haus sind längst kein Geheimtipp mehr in der Region. Bei schönem Wetter schmecken diese kulinarischen Genüsse auf der Terrasse mit Blick über das Freibachtal und den Hohenbogenwinkel doppelt gut. Eine echte Versuchung stellt die Pralinenwerkstatt dar, in der Köstlichkeiten wie Kokos- und Eierlikörtrüffel sowie die besondere Spezialität des Hauses, der *Hohenbogentrüffel*, hergestellt werden. Allen, die diese süße Sünde nicht nur im Urlaub kosten wollen, schickt die Familie Stumreiter ihre Pralinen gerne zu.

Hunde genießen nicht nur die entspannte Atmosphäre des Restaurants, sondern vor allem die Lage: Direkt vor der Tür des Gasthofs liegen perfekte Spazierrouten und wer sich die Kalorien am selben Tag wieder abtrainieren möchte, besucht den auf 750 Metern Höhe gelegenen Gasthof im Rahmen einer zehn Kilometer langen Rundwanderung. Der Kolmsteiner Höhenweg (Nk9) beginnt beim Hotel *Waldschlößl* in Neukirchen beim Heiligen Blut und führt meist auf Waldwegen, vorbei am Höllsteiner Kreuz, zum Kolmsteiner Hof. Nach der Einkehr geht es weiter Richtung Absetz. Von dort aus schließt sich die Runde über Mais (Nk13) und entlang eines Bächleins (Nk5) zurück nach Kolmstein und zum Ausgangspunkt.

An Sommertagen empfiehlt sich statt einer Wanderung das Naturbad in Neukirchen beim Heiligen Blut. Spielbachlauf und Nichtschwimmerbereich bieten für jeden Abkühlung.

Moorlehrpfad
Regentalstraße
Parkplatz Seepark
Der »Klima-Terrain-Weg« beginnt auf der gegenüberliegenden Straßenseite, direkt beim Radweg
93474 Arrach

Tourist-Information Arrach
Lamer Straße 78
93474 Arrach
09943 1035
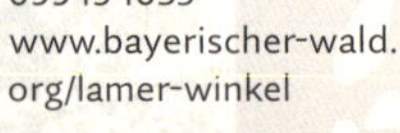
www.bayerischer-wald.org/lamer-winkel

ZWISCHEN LAND UND WASSER

Moorlehrpfad Arracher Moor

Bei dieser Wanderung kommen Natur- und Kulturbegeisterte gleichermaßen auf ihre Kosten, und das ohne allzu große Anstrengungen und trockenen Fußes. Ermöglicht haben das der Naturparkverein und einige Landwirte der Region, die einen 500 Meter langen Bohlensteg aus Lärchenholz durch die rund zehn Hektar große Fläche verlegten. Auf diese Weise wird die sensible Vegetation geschützt, und der Besucher kann getrost Gedanken an Irrlichter und Moorleichen beiseite schieben.

Auf dem *Klima-Terrain-Weg* wurden zudem verschiedenste Kunstobjekte angebracht. Die gläsernen Bilder von Schmetterlingen, Blumen und Schlangen, eingebettet in die Natur, erzeugen eine besondere Atmosphäre. Das Moor ist ein sehr vielfältiger Lebensraum, sodass man manche Vorbilder dieser Kunstwerke mit ein wenig Glück in freier Wildbahn erspähen kann. Ab und an huscht eine Eidechse oder Maus durchs Gras und man hört Frösche quaken, die im Naturschutzgebiet eine Heimat gefunden haben. Aber Vorsicht: Auch der wehrhafte Biber und die giftige Kreuzotter fühlen sich hier wohl. Ein weiterer Grund, auf dem Weg zu bleiben und Hunde anzuleinen. Allerdings verscheucht der Klang der Schritte über die Holzbohlen wohl die meisten Bewohner der Moorlandschaft, bevor die Fellnase die Witterung aufnehmen kann.

Neben den Kunstelementen, die sich mit dem Thema Natur befassen, gibt es zahlreiche Informationstafeln und gleich zu Beginn des etwa dreieinhalb Kilometer langen Weges werden wir umfassend über die Entstehung des gut 6.000 Jahre alten Moores aufgeklärt. Hier wuchsen Rausch- und Moosbeeren, Wollgras und Birken schon lange, bevor *Ötzi* lebte und die Buche in unseren Breiten heimisch wurde. Zahlreiche Schutzmaßnahmen ermöglichen es, dass wir in Arrach heute eines der letzten Hochmoore Nordbayerns bestaunen können.

Wer mehr über das Moor erfahren will, meldet sich bei der Tourist-Information in Arrach zu einer der Führungen an, die von Mai bis Oktober angeboten werden.

20

Bayerwald-Tierpark Lohberg
Schwarzenbacher Straße 1A
93470 Lohberg
09943 8145
www.bayerwald-tierpark.de

Café »Zum Sahneberg«
Berghäusl 1
93470 Lohberg
09943 1803
www.cafe-sahneberg.de

Heimische Tiere auf Augenhöhe

Bayerwald-Tierpark Lohberg

Wer im einzigen Zoo der Oberpfalz Affen, Elefanten und Löwen sucht, wird enttäuscht sein. In Lohberg ist alles etwas kleiner und weniger spektakulär als in den großen Tiergärten des Landes, aber trotzdem ist der Bayerwald-Tierpark einen Ausflug wert. Barrierefrei, hundefreundlich und mit ausreichend kostenlosen Parkmöglichkeiten vor der Tür ausgestattet, ist der Park ein ideales Ziel für die ganze Familie. Den Kleinsten bietet er zudem einen Spielplatz und einen Streichelzoo, in dem Kuscheln und Füttern (natürlich nur mit der zuvor an der Kasse erworbenen Spezialnahrung) ausdrücklich erlaubt sind.

Aber zurück zu den Bewohnern – warum findet man auf dem Gelände statt Papageien Eulen und statt Tigern Luchse? Wie der Name schon vermuten lässt: Es geht um den Bayerischen Wald. Hier, am Fuße des Großen Arbers, leben ausschließlich Tiere, die im bayerisch-böhmischen Grenzgebiet natürlich vorkommen, früher einmal hier beheimatet waren oder zumindest problemlos in unseren Breiten leben könnten. Schließlich sind das nicht wenige: Der etwa eineinhalb Kilometer lange Rundweg führt vorbei an gut 400 Tieren, die circa 100 verschiedenen Arten angehören. Es lohnt sich also, am Elchsee vorbeizuschauen, den Aussichtsturm am Wolfsgehege zu erklimmen oder den Luchs im Bergwald zu besuchen. Denn während man Specht, Fuchs und Biber vielleicht schon einmal bei Spaziergängen frühmorgens oder in den Abendstunden beobachten konnte, stehen die Chancen auf eine Begegnung mit solchen Waldbewohnern in freier Natur doch eher schlecht. Für alle, die an der heimischen Fauna besonders interessiert sind, bietet Tierärztin und Tierparkleiterin Claudia Schuh regelmäßig geführte Touren in der Abenddämmerung und spezielle Rundgänge für Familien an.

In knapp drei Kilometer Entfernung liegt das *Café »Zum Sahneberg«*. Hausgemachte Kuchen, Torten und Brotzeiten, ein wunderschöner Biergarten – ideal zum Entspannen.

21

Kleiner Arbersee
Abfahrt der Kleinen Arberseebahn und Parkmöglichkeit:
Lamer Straße 23
93470 Lohberg
09924 7015
www.kleine-arberseebahn.de

Touristinformation Lohberg
Rathausweg 1a
93470 Lohberg
09943 941313
www.gemeinde-lohberg.de

URWALD UND SCHWIMMENDE INSELN

Kleiner Arbersee

Am westlichen Hang des Großen Arbers liegt auf 918 Metern über Normalnull der Kleine Arbersee. Zu erreichen ist er per pedes oder von Lohberg aus mit der Kleinen Arberseebahn, die ihre Passagiere bis zur Gaststätte Seehäusl direkt am Ufer bringt. Im Elektrobähnlein erfährt man unterwegs einige Fakten über das Biotop.

Es ist kein alltäglicher See, der uns erwartet. Entstanden ist er in der Eiszeit vor etwa 10.000 Jahren aus dem Kleinen Arberseegletscher. Heute hat er eine Fläche von 8,56 Hektar und ist zwischen 10 und 12 Metern tief. Eine geologische Besonderheit sind seine drei Inseln. Als man Ende des 19. Jahrhunderts das Wasser zum Triften von Holz aufstaute, lösten sich vom Rand eng durchwurzelte Moorfilze. Weil sie wegen ihres Torfanteils leichter sind als Wasser, schwimmen die bis zu 3,5 Meter dicken, baumbewachsenen Landstücke auf dem See. Das Betreten der Inseln ist verboten, obwohl – oder auch gerade weil – es dort viele seltene Moorpflanzen zu bewundern gibt.

Während eines gemütlichen Spaziergangs kann man den Trubel am Gasthaus hinter sich lassen und in Ruhe die Schönheit der Landschaft bestaunen. Am Ufer entlang führt der Weg durch den Wald mit kurios geformten Baumstämmen, Felsbrocken und viel Wurzelwerk. Dazwischen wird immer wieder der Blick auf den See frei, wie er ruhig und tiefblau, den Himmel spiegelnd, daliegt. Je näher man dem hinteren Ende des Gewässers kommt, umso ursprünglicher und wilder wird das Ufer, bis man sich schließlich in einem urwaldähnlichem Bewuchs befindet. Über 100 Meter ragt die Seewand auf, bizarre Felsen fesseln das Auge, von denen kleine Bäche heruntertosen. Umgestürzte Baumstämme liegen kreuz und quer. Auf dem Rückweg wird die Umgebung allmählich lieblicher, und bald ist man wieder in der Gegenwart am Gasthaus angelangt, noch tief beeindruckt von der Ruhe und der faszinierenden Landschaft.

Nach dem Rundgang gibt es einen Linseneintopf oder eine Kartoffelsuppe im Seehäusl.

22

Skywalk
vom Parkplatz Eck sind es rund zehn Minuten Fußweg
93474 Arrach

Touristinformation Arnbruck
Gemeindezentrum 1
93471 Arnbruck
09945 941016
www.zellertal-online.de

DER WEG IN DEN HIMMEL

Aussichtsplattform Skywalk

Skywalk – bei dem Wort hat man den Grand Canyon vor Augen, eventuell auch die fünf Fingers in Krippenstein oder den Dachstein in Österreich. Aber wer denkt bei einer solch spektakulären Geschichte schon an den Bayerischen Wald? Und doch: Es gibt ihn hier, allerdings ohne atemberaubenden Glasboden. Die praktisch denkenden Verantwortlichen wählten lieber rutschsichere einheimische Lärchenholzbohlen und verzinkten Stahl. Sogar Höhenängstliche wagen sich hier bis nach vorn, wo der Blick immerhin 30 Meter über dem Boden in die Ferne reicht. Obwohl der Steg leicht schwankt, hält er 600 Kilogramm pro Quadratmeter: So viel wiegt der Schnee, der im Winter maximal zu erwarten ist. Ein offensichtlich gut durchdachtes Gemeinschaftsprojekt der Gemeinden Arrach und Hohenwarth in der Oberpfalz sowie Arnbruck und Dachselsried in Niederbayern, die von der EU unterstützt wurden.

Vom Parkplatz Eck aus führt ein bequemer Waldweg in fünf bis zehn Minuten zu der Aussichtsplattform. Dort ist man erst einmal platt vor Begeisterung. Schritt für Schritt kommt man dem Rand näher und der Blick wird immer weiter. Er streift über das Zellertal und reicht bei entsprechendem Wetter sogar bis an die Alpen. Oder es breitet sich ein weißes, sanft wogendes Nebelmeer vor einem aus, aus dem nur die höchsten Gipfel wie blaue Inseln ragen. Darüber spannt sich ein traumhaft blauer Himmel. Sofort kommt einem Goethes *Über allen Gipfeln ist Ruh'* in den Sinn. Denn still ist es hier wirklich. Was die Augen wahrnehmen, tut der Seele gut. »Doch ist eine weite Aussicht, wo Erde und Himmel so vielerlei Ansichten geben, mehr wert, als man glaubt, wenn man sie täglich genießt«, weiß Goethe. Also genießen wir und lassen unsere Gedanken wandern – über das Tal hinweg oder über das Nebelmeer bis in den Himmel. Nun wird auch die Berechtigung des im ersten Moment hochtrabend erscheinenden Namens »Skywalk« klar. Ein Weg bis fast in den Himmel.

Im Winter kann man am Parkplatz Eck direkt in den Skilift steigen und unterschiedlich schwierige Abfahrten genießen.

23

Zahlreiche Totenbretter finden sich an der **Liebfrauenkapelle** Zellertalstraße 30 93471 Arnbruck

TAFELN FÜR DIE EWIGKEIT

Totenbretter an der Liebfrauenkapelle

Vor allem im nördlichen Bayerischen Wald und im Oberpfälzer Wald kommt man immer wieder an ihnen vorbei. Sie stehen meist bei Kapellen oder Kirchen, oft im Ort, aber auch außerhalb an der Straße, und erinnern an die Verstorbenen des Ortes. Die Rede ist von Totenbrettern, die hier eine lange Tradition haben. An der Liebfrauenkapelle am Ortseingang von Arnbruck findet man besonders viele. Circa 50 stehen hier entlang der Straße, manche schon etwas älter, andere noch sehr neu. Viele bitten den Betrachter um ein Gedenken im Gebet: »Wandrer steh und bet für mich – ich glaub, wir brauchens, du und ich; zum Dank dafür tu ich dir kund – zum Rachel sind dreiviertel Stund.«

Einst wurde der Tote auf dem Brett aufgebahrt, darauf zum Grab getragen und damit beerdigt. Später ließ man ihn vom Totenbrett hinab ins Grab gleiten. Das Fichtenbrett wurde an einem feuchten Ort aufbewahrt, weil man glaubte, dass die Seele des Verstorbenen erst in den Himmel käme, wenn das Holz verfault ist. Als im 19. Jahrhundert Särge aufkamen, dienten die Bretter nur mehr zum Aufbahren in der Wohnung. Aus Pietätsgründen konnte man sie nicht anderweitig verwenden, und so wurden sie geschnitzt, beschriftet, oft auch bemalt, mit einem Dach versehen und als Andenken an den Verstorbenen aufgestellt. Heute werden die Totenbretter nur noch als Erinnerungsstücke hergestellt. Während früher oft die Todesursache und ein mehr oder weniger sinnvoller Spruch zur Charakterisierung des Toten – wie zum Beispiel »Durch einen Ochsenstoß kam er in Gottes Schoß. Er fand die ewige Ruh, durch dich, oh Rindvieh du« – das Brett zierten, sind es inzwischen meist fromme Sinnsprüche, wie man sie auf Sterbebildern findet. Manche gestalten sich ihr Totenbrett schon zu Lebzeiten, wie der Dichter Siegfried von Vegesack, der das Brett unter seinem Sofa aufbewahrte, auf dem er schlief.

Statten Sie der Liebfrauenkapelle einen Besuch ab, um deren Erbauung im Jahre 1644 sich einige Legenden ranken.

24

Lindner-Bräu
Weißenregener Straße 4
93444 Bad Kötzting
09941 1429
www.lindner-braeu.de

UNTER KASTANIENBÄUMEN

Brauerei-Gasthof *Lindner-Bräu*

Zum *Lindner* gehen die Kötztinger, wenn sie Lust auf einen richtig guten Schweinebraten haben, oder einfach nur, um sich ein Feierabendbier für zu Hause zu holen. Die Gaststätte mit eigener Brauerei ist eine Institution, an der man kaum vorbeikommt – besonders, wenn man einen echten Biergarten in der Gegend sucht. Seit 1870 wird hier mit Wasser aus der eigenen Quelle nach dem bayerischen Reinheitsgebot gebraut. Das helle Vollbier *Kaitersberger Export* und der Doppelbock *Chostingator* sind legendär. Nicht ohne Grund ist der *Lindner* die einzige von den ehemals sechs Brauereien der Stadt, die heute noch existiert.

Aber nicht nur für Liebhaber des Gerstensaftes ist das Wirtshaus eine echte Empfehlung. Die Küche geht mit der Zeit, und neben typischer Hausmannskost wie Schweinebraten und frischer Tellersulz stehen auch vegetarische Gerichte auf der Speiskarte, die tagesaktuell durch saisonale Kreationen ergänzt wird. Wie es sich für einen typischen Biergarten gehört, lässt man im Schatten von Kastanienbäumen sitzend, untermalt vom Plätschern des Flusses, die Seele baumeln und genießt entspannt die kulinarischen Köstlichkeiten. Gelassen sind auch die Vierbeiner, die unter einigen der Tische liegen und sich ebenfalls einen kühlen Schluck – allerdings alkoholfrei aus dem Napf – genehmigen. Auch in der Gaststube sind Hunde gern gesehen. Wenn kein Biergartenwetter herrscht, muss man mitunter etwas Geduld mitbringen, bis man einen freien Platz in der Wirtsstube ergattert. Aber früher oder später rücken die Gäste an den großen Tischen zusammen und der Brotzeit steht nichts mehr im Wege.

Satt und zufrieden unternehmen wir nach dem Essen einen kleinen Verdauungsspaziergang. Dazu brauchen wir nur die Fußgängerbrücke zu überqueren, die den Biergarten mit dem Kurpark verbindet.

Die Gaststätte ist bei Einheimischen und Gästen gleichermaßen beliebt und entsprechend gut besucht. Am Wochenanfang ist die Chance auf einen ruhigen Abend am höchsten.

25

Wolframslinde
Ried bei Haidstein
93444 Bad Kötzting

Spezialitäten-Brennerei & Whisky Destillerie Liebl
Jahnstraße 11–15
93444 Bad Kötzting
09941 1321
www.brennerei-liebl.de

GRÜNE URAHNIN

Wolframslinde

Heute besuche ich eine Oberpfälzer Urahnin, die wiederum die Älteste ihrer Art in ganz Deutschland ist: die 1.000-jährige Linde in Ried am Haidstein bei Bad Kötzting.

Vor allem im Herbst, wenn sie ihr Laub abgeworfen hat, sieht man ihr die Jahrhunderte an. Mit scheinbar letzter Kraft stützt sie sich auf zehn Krücken, die ihr die Menschen zur Verfügung gestellt haben. Bringt ein Windstoß sie ins Wanken, hilft ihr ein Korsett aus Stützen, Stahlseilen und Kunststoffgurten, sich aufrecht zu halten. Und doch schlägt ihre Lebensader kräftig und lässt in jedem Frühjahr frisches Grün sprießen. Naht die warme Jahreszeit, sprüht die Wolframslinde plötzlich vor Energie und entpuppt sich als das, weswegen sie verehrt wird: als altehrwürdiges grünes Naturwunder, um das sich unzählige Mythen ranken.

Der Stamm der Linde ist vermutlich bereits seit Jahrhunderten völlig ausgehöhlt. Der Innenraum wurde mit einer schwarzen Masse ausgefüllt. Das würde man heute nicht mehr machen, denn der Baum kann Fäulnisstellen eigenständig reparieren und an Schwachstellen das Wachstum beschleunigen, um wieder ins Gleichgewicht zu kommen. Diese Fertigkeiten haben der Wolframslinde das Überleben gesichert, auch im verheerenden Sturm im Jahr 1950. Nur ihre Krone hat sie während des starken Unwetters eingebüßt. Seither schützen sie eigens um sie herum angepflanzte Bäume vor zu heftigen Windböen.

Wem sie selbst einst Schutz geboten hat, darum ranken sich zahlreiche Legenden. Angeblich soll ihr höhlenartiges Inneres im 19. Jahrhundert als Kapelle und noch früher als Werkstatt genutzt worden sein. Und um das Jahr 1200 soll sich mutmaßlich der Minnesänger Wolfram von Eschenbach im Schatten der Linde so manchen Vers des berühmten Parzival-Epos einfallen haben lassen. Historisch ist das zwar nicht belegt, doch im Parzival kommt tatsächlich eine Stelle vor, die auf die nahe gelegene Burg Haidstein verweist. Vielleicht also …

Wer noch auf das Wohl von Wolfram und seiner Linde anstoßen möchte, findet außergewöhnlich »Geistiges« bei der Spezialitäten-Brennerei Liebl im nahe gelegenen Bad Kötzting.

26

Haidsteiner Hütte
Haidstein 1
93466 Chamerau
09941 9495292
www.haidsteiner-huette.de

URIG BAYERISCHE EINKEHR

Haidsteiner Hütte

Auf den Haidstein führen viele Wege, einer davon ist sogar mit dem Auto befahrbar. Oder man wählt zum Beispiel den Aufstieg von Liebenstein aus. Man muss kein passionierter Wanderer sein, um in einer guten halben Stunde die Hütte zu erreichen, festes Schuhwerk ist aber angebracht.

Vom Hotel *Bayerwaldhof* in Bad Kötzting, Liebenstein 25, folgen wir der ausgeschilderten Abzweigung zum Parkplatz und anschließend dem Wegweiser auf den Pfad zum Haidstein. Der abwechslungsreiche Mischwald beherbergt viele Bewohner, sodass es ratsam ist, jagdlich interessierte Hunde zumindest mit einer Schleppleine davon abzuhalten, sich selbst mit einer »Brotzeit« zu versorgen. Oben angekommen mündet der Weg in eine weite Lichtung, auf der die Hütte liegt. An warmen Tagen lädt der Schatten alter Bäume im Biergarten zum Ausruhen ein, in der kalten Jahreszeit wärmt das prasselnde Feuer in der Gaststube.

Die Hüttenwirtinnen, die Schwestern Monika und Michaela Geiger, sind nicht nur beide vom Fach, sondern bewirtschaften »ihr Herzensprojekt« dazu mit Begeisterung. Hausgemachte Kuchen heißen nicht nur so, sondern schmecken auch nach Omas Sonntagsgebäck und wer einen Blick durch die Küchentür wirft, sieht, dass die Schnitzel frisch herausgebacken und die Knödel selbst gedreht werden. Haben Vegetarier gerade in traditionellen Gaststätten leider oft Schwierigkeiten, außer »Pommes Frites mit Ketchup« etwas auf der Karte zu finden, werden sie hier unter anderem mit Gemüsesuppe und -strudel verwöhnt. Die Begrüßung der vierbeinigen Gäste ist herzlich, frisches Wasser wird mitunter vor den Getränken für Zweibeiner serviert und eine dargebotene Pfote (nach Rücksprache) gern mal mit einem Leckerchen belohnt.

Nach dem Mittagessen kurz zur Wallfahrtskirche und zum Gipfelkreuz gehen (Achtung: steiler Felsabbruch) und auf dem Rückweg noch einmal zu Kaffee und Kuchen einkehren.

27

Konzerthaus Blaibach
Kirchplatz 4
93476 Blaibach
09941 9495065
www.konzert-haus.de

Blaibacher See
Parkplatz am Damm
93476 Blaibach
www.blaibach.de

UFO IM BAYERWALD

Konzerthaus Blaibach

Ein Ufo ist gelandet – mitten im oberen Bayerischen Wald in Blaibach! Warum gerade hier?

Nun, am Anfang war Leere. Bevölkerungsrückgang, geänderte Urlaubsgewohnheiten und der demografische Wandel hatten dazu geführt, dass das Zentrum zunehmend ausstarb. Wie in vielen anderen kleinen Gemeinden der Region. Doch verschiedene Personen ermöglichten die Entstehung einer außergewöhnlichen Stätte. Zum einen ein Initiator der vermeintlich verrückten Idee eines Konzerthauses für einen Ort mit nur rund 2.000 Einwohnern. Zum anderen ein Architekt, der genau an diesem Standort zwischen Bayerwaldbergen und -häusern einen visionären monolithischen Bau plante. Und nicht zuletzt Förderer an den unterschiedlichsten Stellen, die das Projekt entgegen mancher anfänglichen Widerstände unterstützten.

Und schließlich landete 2014 das »Ufo«, ein Würfel, der schräg aus dem Boden aufsteigt und auf den ersten Blick mit allen Bautraditionen der Umgebung bricht. Ohne Fenster, fast ausschließlich aus Beton gebaut. Doch schon die Außenverkleidung mit Granit ist in Blaibach wieder nichts Fremdes. Das Gestein kommt in der Region häufig vor, wodurch das Dorf in seiner Geschichte Steinhauer von nah und fern anzog.

Im Inneren des Gebäudes lenkt die puristische, aber dennoch harmonische Gestaltung aus Glasbeton und wenig Lärchenholz die Aufmerksamkeit der Besucher auf die auftretenden Künstler. Sie sorgt aber vor allem für eine vorzügliche Akustik, sodass auf allen der 200 Plätze die Darbietung bestens verfolgt werden kann. Selbst in der obersten Reihe ist jeder Ton von der Bühne glasklar wahrzunehmen. Die idealen Rahmenbedingungen ziehen Künstler nach Blaibach, die sonst nur in großen Städten spielen. Auch das Publikum strömt von weither. Und Architekturbegeisterte pilgern zu dem aufsehenerregenden Bau, der eine Reihe von Auszeichnungen erhalten hat.

In der Nähe befindet sich der Blaibacher See, ein Stausee am Schwarzen Regen, der im Sommer zum Baden und Bootsfahren und im Winter zum Eisstockschießen einlädt, wenn das Eis dick genug ist.

28

Café Waffel
Bahnhofstraße 20
93468 Miltach
09944 3414118
www.waffelbahnhof.de

GENIESSEN IM ALTEN BAHNHOF

Café Waffel

Eisenbahnfans und Naschkatzen bekommen beim Anblick des Miltacher Bahnhofs leuchtende Augen. Fahrkarten werden hier zwar seit 1993 nicht mehr verkauft, aber die Strecke von Bad Kötzting nach Cham ist weiterhin in Betrieb und die Räumlichkeiten erhielten 2017 ihre neue Bestimmung als Café. Die *Otto Beier Waffelfabrik* kaufte das Gebäude und legte beim Umbau großen Wert darauf, den historischen Stil nachzuempfinden. Wer durch die großen Fenster auf die Schienen schaut, spürt tatsächlich etwas von der langen Tradition des Bahnhofs, der Ende des 19. Jahrhunderts errichtet wurde und in dem 1957 Konrad Adenauer in seinem Sonderzug übernachtete.

Mit etwas Glück ergattern Sie einen Platz in dem ausrangierten, original Mitropa-Speisewagen, um Kaffee und Kuchen zu genießen. Bei schönem Wetter bevorzugen jedoch die meisten den Biergarten, wo die Züge direkt am Tisch vorbeifahren, während man sich die frisch zubereiteten Waffelvariationen schmecken lässt. Selbst wenn die Erwachsenen zu lange beim Kaffee entspannen, hat Langeweile bei Kindern dank Spielplatz mit Kletterturm, Rutsche und Blick auf die Gleise keine Chance.

Nach einer ausgiebigen Brotzeit kommt kaum einer an der Glastür neben der Kuchentheke vorbei. Sie führt zum Werksverkauf der *Otto Beier Waffelfabrik*, wo neben den hauseigenen Produkten zahlreiche Süßwaren anderer namhafter Hersteller dazu einladen, sich einen Vorrat für zu Hause mitzunehmen. Bio, lactose- und glutenfrei, das Angebot lässt kaum Wünsche offen und entsprechend beladen mit Einkaufstüten verlässt man das Geschäft. Hunde sind zwar drinnen wie draußen herzlich willkommen, aber in den Laden dürfen sie ihre Familie nicht begleiten.

Das Café bietet auch Themenwochen und an Wochenenden ein Frühstücksbuffet an. Für beides sollte man unbedingt reservieren.

29

Josef und Susanne Gigler
auf ihrem **Lamahof Gigler**
Kollmitz 1 ½
93466 Chamerau
09944 302197
www.lama-alpaka-
und-mehr.de

ENTSCHLEUNIGUNG AUF VIER BEINEN

Lamahof Gigler

Freundlich empfangen uns Susanne und Josef Gigler auf ihrem Hof. Hier leben neben den Lamas unter anderem Alpakas, Esel, Ziegen und Hühner. Ein Fernsehbericht inspirierte die Giglers einst zur Anschaffung von Lamas, die sich heute im Stall und auf den weiten Weiden tummeln. Im ersten Moment wirken die manns- oder frauhohen Tiere ein wenig respekteinflößend, die uns so ruhig und ernst in die Augen schauen. Langsam kommen sie näher, wenden sich wieder ab oder schnuppern am Besucher, je nach Sympathie. Zwischen den großen Lamas drängt sich ein kleines rotbraunes Tier mit einem Pilzkopfhaarschnitt näher. Ich strecke die Hand aus, um die Stirn zu streicheln, ernte aber widerwilliges Kopfschütteln. Streicht man hingegen über das weiche kurzgeschorene Hals- und Rückenfell, wird es wohlwollend akzeptiert.

Wir gehen durch den Stall und sehen uns die Tiere näher an. Jedes Lama ist anders, vollständig weiß, gefleckt, ganz braun, sehr langhaarig – das sind die Wooly-Lamas –, manche sind komplett geschoren oder nur am Körper, alle haben große dunkle Augen bis auf das Classic-Lama, das uns aus strahlend blauen Augen beobachtet. Man spürt, dass es den Tieren gutgeht. Kein Wunder, so liebevoll wie sich das Ehepaar Gigler um sie kümmert.

Auf ein- bis zweistündigen Wanderungen dürfen Erwachsene und Kinder ab zwölf Jahren ein eigenes Lama am Halfter führen, Kinder ab sechs begleiten nur. Auch Menschen mit einem Handicap können mit den Lamas spazieren gehen. Eine tiergestützte Therapie bieten die Giglers allerdings nicht an. Im Allgemeinen gehen die Lamas ruhigen Schrittes gemächlich und lautlos neben ihren Führern her. Allerdings haben die Tiere auch ihren eigenen Willen und legen mitunter eine kleine Pause ein oder gönnen sich eine Blattbrotzeit. Ein Spaziergang mit den flauschigen Vierbeinern ist entschleunigend und eine Wohltat in unserer hektischen Zeit.

Wem ein Spaziergang mit den Lamas noch nicht ausreicht, der kann eine der beiden Ferienwohnungen mieten und mehr Zeit auf dem Hof verbringen.

IM HERZEN DES
BAYERISCHEN WALDES

30

Kreisobstlehrgarten
Von 94362 Neukirchen
kommend rechts abbiegen
nach dem Wirtshaus
Die Ewigkeit
Inderbogen 4
www.wirtshaus-ewigkeit.de

Tourist-Information
Hauptstraße 2
94362 Neukirchen
09961 910210
www.neukirchen-bei-
bogen.de

Ruhige Idylle

Kreisobstlehrgarten

Seit der Flurbereinigung sind unsere Landschaften langweilig geworden: Sauber und aufgeräumt wirken sie, aber nur selten natürlich gewachsen. Streuobstwiesen, die früher zum normalen Landschaftsbild gehörten, kennen heute viele gar nicht mehr. In Zeiten vor Monokultur und Massentierhaltung lieferten die hochstämmigen Bäume den Gehöften Früchte und Nüsse, während die blumenreichen Wiesen als Viehweide oder zur Heugewinnung dienten – Minibiotope, die voller Leben stecken und doch gleichzeitig eine angenehme Ruhe ausstrahlen.

In Neukirchen entstand auf einem 12.000 Quadratmeter großen Südhang wieder ein solches kleines Paradies. 150 alte und neue Obstsorten wurden gepflanzt, Hecken und Trockensteinmauern angelegt und Bienenstöcke aufgestellt. Diese Oase ist immer einen Ausflug wert, entfaltet ihren besonderen Reiz aber zur Blüte im Frühjahr und zur Ernte im Herbst. Der aus der Barockzeit stammende *Troadkasten* im Mittelpunkt der Anlage diente ursprünglich als Getreidelager und beherbergt heute eine Ausstellung, die die zahlreichen Informationen an den 14 Stationen des Lehrpfades ergänzt. Es lohnt sich jedoch ebenfalls, einfach nur die intakte Natur zu genießen und die Vielfalt zu beobachten, die hier herrscht. Eine Maus flitzt gerade noch ins Loch, die Luft scheint vor Bienen zu summen und Schmetterlinge tanzen vor unseren Augen. Wer sich Zeit nimmt und zur Ruhe kommt, wird viel sehen und erleben in diesem Garten. Für ein mitgebrachtes Picknick steht eine große Sitzgruppe bereit und zur Erntezeit kann man sich am Fallobst bedienen. Hier von einer Birne naschen, dort von einem Apfel kosten – im Herbst kein Problem. Einzig vor Wespen muss man sich dabei in Acht nehmen.

Ideales Ausflugsziel, um der Betriebsamkeit touristischer Attraktionen an Wochenenden zu entfliehen. Der Zugang ist ganzjährig frei und gratis, Interessierte können eine Führung vereinbaren.

31

Waldwipfelweg
Maibrunn 9a
94379 Sankt Englmar
09965 80087
www.waldwipfelweg.de
www.baumwipfelpfade.de

DER WALD AUS VOGELPERSPEKTIVE

Waldwipfelweg bei Maibrunn

30 Meter über dem Boden zwischen Baumkronen hindurchgehen, den Panoramablick auf den Bayerischen Wald und den Gäuboden genießen und sich in schwindelerregender Höhe über eine Hängebrücke wagen – ein Ausflug nach Maibrunn macht's möglich. Der 2,50 Meter breite Bohlenweg mit Aussichtsplattform ist barrierefrei und ermöglicht so allen einen atemberaubenden Ausblick aus der Vogelperspektive.

Das Gelände hat jedoch noch viel mehr zu bieten. Wer kann ertasten, welches Fellkleid zu welchem Waldbewohner gehört? Wer erkennt anhand der Spur, welches Tier hier vorbeigekommen ist? Entlang des rund zwei Kilometer langen Naturerlebnispfades erwarten die Besucher 25 Mitmachstationen, die Rätsel zu Flora und Fauna der Region aufgeben. Kletterkünstler können an einer Felswand ihr Können unter Beweis stellen. Kleine, große und vierbeinige Höhlenforscher kommen in zwei Grotten, in denen alle Sinne angesprochen werden, auf ihre Kosten. Auf einem anderen Pfad erleben Besucher verblüffende optische Täuschungen, die zum Teil lustige Fotomotive ergeben. So wird hier im Handumdrehen aus einem Schoßhündchen ein Tier von den Ausmaßen einer Deutschen Dogge und umgekehrt. Für die Jüngsten sind die Lamas, Alpakas, Kängurus und Schafe auf ihren ausgedehnten Weiden spannend, die sich vom Weg aus beobachten lassen.

Wer nach so vielen Erlebnissen Hunger bekommen hat, lässt sich auf der Sonnenterrasse oder in der Waldgaststube hausgemachte Kuchen und Torten, Suppen oder Brotzeiten schmecken. Frisch gestärkt können sich Kinder anschließend noch auf 500 Quadratmetern im Indoor-Spieleland austoben und im *Haus am Kopf* ausprobieren, wie es sich anfühlt, auf der Zimmerdecke spazieren zu gehen.

Mehr Höhenluft gefällig? Für den Baumwipfelpfad Bayerischer Wald in Neuschönau werden sogar Führungen angeboten. Hunde sind dort aber nicht erlaubt.

32

Ein Blick durch
das Kaleidoskop

Bayerwald Xperium
Pfarrhofweg 4
94379 Sankt Englmar
09965 8423976
www.bayerwald-
xperium.de

SPIELEND LERNEN IM MITMACHMUSEUM

Science-Center *Bayerwald Xperium*

Seit 300 Jahren prägt der imposante Pfarrhof das Ortsbild von Sankt Englmar. Obwohl er unter Denkmalschutz steht, begann er allmählich zu verfallen. Dann kaufte der gelernte Medizintechniker Wolfgang Six das Gebäude, sanierte es und erfüllte sich einen Traum: Er schuf das *Xperium*, ein Science-Center, also ein Mitmachmuseum, das zumindest in Ostbayern einmalig ist. Seit dem 1. August 2015 können sich Besucher von der Technikbegeisterung des Hausherrn anstecken lassen.

Schon vor 2.500 Jahren wusste Konfuzius: »Erzähle es mir und ich werde es vergessen, zeige es mir und ich werde mich erinnern, lass es mich tun und ich werde es verstehen.« Diesen Satz hat sich das *Xperium* im wahrsten Sinne des Wortes auf die Fahne geschrieben und groß an die Außenwand gehängt. Naturwissenschaftliche Gesetzmäßigkeiten mit allen Sinnen begreifen, das ist hier möglich. Wo sonst kann man ein Motorrad mit einer Hand hochheben, mithilfe eines Spiegels vom Boden abheben oder sich in eine Seifenblase stellen?

An vielen Stationen ist Konzentration gefragt. Es ist nicht einfach, gemeinsam mit einem Partner und mithilfe von vier verbundenen Seilzügen Holzklötzchen zu greifen, hochzuheben und zu einem Turm zu stapeln. An anderer Stelle beschäftigt man sich mit dem Bau einer Brücke, zu dem nur schmale gleich lange Holzbrettchen verwendet werden können. Und wem verschlägt es nicht die Sprache, wenn der eigene Kopf, Holofernes gleich, einsam in einer Schale liegt?

Immer wieder wird die konzentrierte Stille unterbrochen durch Freudenschreie von Kindern, denen ein Experiment geglückt ist. Dass der Aufenthalt im *Xperium* sehr viel Spaß macht, sieht man an den begeisterten Gesichtern der Besucher, die das Haus mit vielen neuen Erfahrungen und Kenntnissen verlassen. Spielend lernen erfreut eben Groß und Klein.

Nach all der Technik tut ein Bad im Naturbadeweiher am Rand des Kurparks gut.

33

Großer Pfahl
Startpunkt Wanderung: Parkplatz am Naturschutzgebiet Pfahl an der B 85 (Richtung 94267 Prackenbach; gut ausgeschildert)
94234 Viechtach

Tourist-Information Viechtach
Stadtplatz 1
94234 Viechtach
09942 808250
www.viechtacher-land.de

Drachenrücken aus Quarz

Naturdenkmal *Großer Pfahl*

Weißes Quarzgestein, Kiefern, Heidekraut – nur ein paar Meter von der Straße entfernt kommt fast ein bisschen Hochgebirgsfeeling auf. Sieht doch der steil aufragende *Pfahl* ganz anders aus als die anderen Gesteinsformationen des Mittelgebirges. Allerdings ist die Felsformation bei Viechtach nur maximal 30 Meter hoch – Alpen im Miniaturformat.

Vor allem Familien mit Kindern sollten daran denken, Getränke und eventuell eine Brotzeit mitzunehmen, da es auf dem Gelände keine Einkehrmöglichkeiten gibt. Dafür bieten die zerklüfteten Felsen nicht nur hervorragende Klettermöglichkeiten, sondern sind auch ideal für ein ausgedehntes Picknick. Nur einige Meter entfernt steht eine Hütte mit Informationen zu der Region, direkt gegenüber sind die Wanderwege ausgeschildert. Wir wählen die große, etwa eineinhalbstündige Runde (»4« auf gelbem Grund, Winterwanderweg) – eher ein ausgedehnter, aber keinesfalls langweiliger Spaziergang. Überall gibt es etwas zu entdecken: eine alte Verladestation des aufgelassenen Steinbruchs, Loren und eine Bremsstation aus der damaligen Zeit und schließlich die Abbruchkante des Gebietes, in dem der Quarz gewonnen wurde. Wer einen Hund dabeihat, muss ihn aufgrund des Naturschutzes ohnehin anleinen. Wegen der Absturzgefahr ist das zudem mehr als sinnvoll.

Der Weg führt vorbei an weiteren Quarzformationen, die immer höher und heller werden. Es entsteht der Eindruck, der Kamm eines Drachen breche aus dem Waldboden und wölbe sich über die Landschaft. Tatsächlich verläuft der größte Teil der 150 Kilometer langen Quarzlinie unterirdisch und tritt nur an wenigen Orten als Felskamm hervor. Kein Wunder, dass dieser Abschnitt zu den 100 schönsten Geotopen Bayerns zählt.

Wer noch mehr vom *Pfahl* sehen will, fährt nach Weißenstein bei Regen. Hier wurde eine Burg auf dem hellen Gestein errichtet.

84

Adventure Camp Schnitzmühle
Schnitzmühle 1
94234 Viechtach
09942 94810
www.schnitzmuehle.de

ABENTEUER, GENUSS, WELLNESS

Adventure Camp Schnitzmühle

Adventure Camp – da denkt man sofort an Überleben in wilder Natur, Klettern, Wildkräuter sammeln und Ähnliches. All das ist in Viechtach auch möglich. Im Natur-Camp wird vom Survival-Training bis zum Floßbau tatsächlich alles geboten, was die Herzen von Outdoorfans höher schlagen lässt. Aber die Schnitzmühle, wie wir die Anlage nennen, ist noch viel mehr: eine entspannte Ferienoase für die ganze Familie inklusive Hund. Camping im eigenen Zelt oder im Rahmen des Angebots *rent a tent*, Übernachtung in modernen Hotelzimmern, Lodges oder Tiny Houses – für jeden Geschmack ist etwas dabei.

Wer keinen Pauschalurlaub sucht, sondern lässig bayerische Atmosphäre weitab von Straßenlärm und Massentourismus, fühlt sich hier garantiert wohl. Auch ohne Animateur und »all you can eat« wird es weder langweilig noch geht man abends hungrig ins Bett. Der Campingladen bietet frische, regionale Zutaten für selbst zubereitete Mahlzeiten an, das Restaurant *Urwald* lockt mit einer gelungenen Mischung aus thailändischen und bayerischen Gerichten (das schmeckt tatsächlich!) und in der Strandbar gibt es hausgemachte Getränke.

Das Auto kann man getrost stehen lassen. Allein die Freizeitangebote vor Ort sorgen schon für die Qual der Wahl: Naturbadeweiher mit Sandstrand (Hunde dürfen die Familie begleiten, baden ist allerdings nur im angrenzenden Bach erlaubt), Beachvolleyball, ein Reitstall, Tischtennisplatten, Wellnessbereich und vieles mehr sind Teil der Anlage. Autofreie Ausflüge in den Bayerischen Wald ermöglicht die Waldbahn, deren Haltestelle direkt hinter dem Hotel liegt. Sie bringt einen zum Beispiel direkt in den Nationalpark oder mitten in die gläsernen Gärten von Frauenau.

Der Laden direkt beim Haupthaus ist immer einen Besuch wert – er bietet rund um die Uhr Lebensmittel und Getränke.

35

Burg Altnußberg
Burgparkplatz am Burgweg bei der Kapelle
Auf dem Schloßberg
94244 Geiersthal
Die Burg ist nur zu Fuß zu erreichen.

Burgschänke Altnußberg
Auf dem Schloßberg 2
94244 Geiersthal
09923 3099
www.burgschenke-altnussberg.de

ALTES GEMÄUER NEU ENTDECKT

Burg mit Burgschänke Altnußberg

Bereits im Jahr 882 wurde Altnußberg urkundlich erwähnt und ist damit die älteste Burganlage des Bayerischen Waldes. Auf 660 Metern Höhe gelegen ist sie heute weithin sichtbar. Das war nicht immer so: Nachdem die Anlage im Mittelalter geschleift wurde, lag sie gut 500 Jahre lang von Erdreich verschüttet und von Bäumen überwuchert in einem Dornröschenschlaf. Erst in den 80er-Jahren des vergangenen Jahrhunderts wurden Ausgrabungen durchgeführt, und Teile der Burg – unter anderem der 22 Meter hohe, heute als Aussichtsturm genutzte Bergfried – rekonstruiert. Die gesamten Grundmauern und Ruinen von Wohnanlagen, Wirtschaftsgebäuden, Kapelle und Zisternen wurden freigelegt. Ein Backofen und die Herdstelle der Gesindeküche erinnern an das Leben vor vielen hundert Jahren. Ein kleines Museum stellt einige Fundstücke aus, die von Alltagsgegenständen im Haushalt über Schmuck bis hin zu Waffenteilen Einblick in das Leben auf der Burg geben.

Wir unternehmen den Ausflug hierher an einem heißen Sommertag und kommen bei dem kurzen, aber teilweise relativ steilen Aufstieg vom Parkplatz an der Kapelle zur Burg etwas außer Atem. Obwohl der Weg durch einen schattigen Mischwald führt, freuen wir uns auf die erfrischenden Getränke, die oben auf uns warten: Die romantische Burgschänke hat von Ostern bis Ende Oktober geöffnet und bietet außerdem Brotzeiten, Kuchen und als besondere Spezialität zweimal pro Woche frisch geräucherte Forellen. Im Schatten der alten Bäume ist im Biergarten die Anstrengung schnell vergessen, und wir erklimmen noch die letzten Steintreppen und Mauerreste, um die Aussicht weit über das Tal zu genießen. Frisch gestärkt erkunden die Kinder die Anlage und toben ausgelassen auf dem Spielplatz.

Wer mehr über die Geschichte der Burg erfahren will, kann sich in der Burgschänke einen Audioguide ausleihen. Für Gruppen besteht die Möglichkeit, sich zu einer Führung anzumelden (09923 84150).

86

Schnapsmuseum
Gläserne Destille
Eck 1
94255 Böbrach
09923 802033
www.penninger.de

WARUM DIE WOIDLER SO GESUND SIND

Schnapsmuseum Gläserne Destille

Schon im 16. Jahrhundert wusste man um die heilsame Wirkung der Bärwurzpflanze. Der Biologe Tabernaemontanus schreibt in seinem Kräuterbuch: »Beerwurtzwasser getruncken / eröffnet die verstopffung der Leber / der Nieren / Harngäng / und der Blasen / vertreibet die Geelsucht/ Wassersucht / den schmertzen der Därm und der Mutter / führet auss den Stein / treibet und vertreibt die Harnwinde / und das tröpfflingen harnen.«

Am Arber, am Rachen und am Lusen wächst die bis zu 60 Zentimeter hohe Pflanze mit den bis zu einem Meter langen Wurzeln, die heute nicht mehr als Bärwurzwasser getrunken, sondern zu Schnaps destilliert wird. Etwas gewöhnungsbedürftig schmeckt er schon, der Bärwurz, und erst nach dem dritten oder vierten Stamperl wird der scharfe, herbsüße und erdige Kräutergeschmack als angenehm empfunden. Die Hoffnung auf die medizinische Wirkung hilft bei den ersten Versuchen.

Besonders gut kann man sich im Schnapsmuseum der Firma Penninger in Böbrach über das wundersame Getränk Bärwurz informieren. In einer Halle wurde ein kleines Dorf errichtet, in dem Gerätschaften zur Schnapsbrennerei in früheren Zeiten ausgestellt sind und ein Film über den Bärwurz informiert. Vor den Augen der Besucher wird in einer gläsernen Destille Bärwurzextrakt zu trinkbarem Schnaps. Natürlich gibt es auch ein Brotzeitstüberl und vor allem einen Kramerladen, wo man die Produkte probieren und kaufen kann.

Hier erhält man außerdem den kaum weniger bekannten Blutwurz. Ein Gemisch aus der fein gehackten, rot färbenden Wurzel der gleichnamigen Pflanze, einem zarten Gewächs mit kleinen gelben Blüten, und aus verschiedenen Kräutern. Mit 50 Prozent Alkohol ist Vorsicht beim Probieren geboten. Am besten nimmt man sich eine Flasche mit nach Hause und denkt beim Trinken an den Bayerischen Wald, wo man Ruhe und Stille noch genießen kann.

Die leere Tonflasche als Blumenvase nutzen und sich an den guten Tropfen erinnern.

37

GutsAlm Harlachberg
Harlachberg 1+2
94249 Bodenmais
09924 9434930
www.harlachberg.de

Wozu in die Alpen fahren?

GutsAlm Harlachberg

Kein Wunder, dass an diesem Ort viele Hochzeiten stattfinden: Das Gebäudeensemble und die Aussicht sind einmalig. Aber nicht nur der schönste Tag des Lebens, auch herrliche Urlaubstage lassen sich hier oben auf rund 900 Metern Höhe verbringen. Das Anwesen mit der hölzernen Kapelle aus dem Jahr 1747 liegt auf einer verträumten Lichtung inmitten der Wälder des Harlachbergs. Liebevoll restauriert bieten Bauernhof, Jugendstilvilla und Holzkapelle heute optimale Voraussetzungen für eine kleine Auszeit für Mensch und Tier. Zahlreiche Wanderwege starten hier, wo es weder Autolärm, noch Nachbarn (der nächste ist zwei Kilometer entfernt), dafür Natur, Stille und würzige Waldluft gibt. Auf dem weitläufigen Gelände, zu dem auch ein Naturteich gehört, entspannen Zwei- und Vierbeiner von Stadtrummel und Alltagshektik, und Kinder toben unbeschwert über die Wiesen. Statt Dauerbeschallung aus Lautsprechern plätschert Wasser aus einem Granitbrunnen und abends prasselt das Lagerfeuer auf der Wiese neben dem Biergarten.

Für Feinschmecker, die die ursprüngliche bayerische Küche kennenlernen möchten, ist die *GutsAlm* ein Muss. Sonntags gibt es *Auszogne, Zimtnudln* und *Strizl* – süße Köstlichkeiten, die Sie unbedingt probieren sollten. Wer es lieber herzhafter mag, lässt sich *a Brad'l* aus dem Holzbackofen schmecken. Vegetarier kommen donnerstags auf ihre Kosten, wenn es den für die Region so typischen, frischen *Eapfesterz* gibt. Der alte Steinbackofen aus dem 17. Jahrhundert tut heute noch seinen Dienst und wird mittwochs angeheizt, um frisches Bauernbrot zu backen. Wer mag, darf am frühen Vormittag die Schürze umbinden und selbst Hand anlegen. Die Alm erreicht man mit dem Auto über eine Forststraße oder zu Fuß über einen der zahlreichen Wanderwege.

Es lohnt sich, die Kapelle genauer anzuschauen: In ihrem Vorbau sind vier Totenbretter angebracht, die zu den ältesten des Bayerischen Waldes zählen.

38

Kuhalm Bodenmais
Kreuzseige 2
94249 Bodenmais
09924 9435592
www.kuh-alm-
bodenmais.de

ZÜNFTIGE HÜTTE

Kuhalm Bodenmais

Nur eine halbe bis eine Stunde (je nach Wanderweg) von der Bodenmaiser Flaniermeile entfernt, liegt die Kuhalm in einer völlig anderen Welt. So oder so ähnlich wie hier oben auf 800 Metern Höhe muss es früher überall im Bayerischen Wald ausgesehen haben. Hat der Ort selbst mit seinen zahlreichen von Tagestouristen gut besuchten Cafés nur noch wenig mit der ursprünglichen Einsamkeit der Gegend zu tun, so scheint auf der Kuhalm die Zeit stehen geblieben zu sein. Wer dem Alltagstrubel entkommen möchte, wird die Ruhe und Abgeschiedenheit dieser Einkehr zu schätzen wissen. Wir parken beim Hotel *Riederin* und folgen den schwarz-weißen Wegweisern hinauf zum Riederin-Felsen, wo sich gerade ein paar Kletterer abseilen. Den Sportlern zuzusehen ist eine willkommene Verschnaufpause nach dem kurzen aber steilen Aufstieg. Der anstrengende Teil ist geschafft, rechts vorbei an der Felsformation geht es jetzt auf einem kurzen Höhenweg zur Hütte, die man schon vor sich liegen sieht, wenn man aus dem Wald tritt.

Das mit Holzschindeln verkleidete Häuschen hält, was es verspricht: Hier werden keine Brauchtumsnachmittage für Touristen veranstaltet, es ist alles authentisch. Hausgemachte Brotzeiten, selbst gekochte Marmelade und *Glaslfleisch* zum Mitnehmen, der akkordeonspielende Wirt und sein Sohn, der mit den Gästen kartelt – auf der Kuhalm ist alles echt und so, wie man sich den Bayerischen Wald vorstellt. Weitab von Massentourismus und Straßenlärm (Autos sind hier oben nicht erlaubt) fühlt man sich zurückversetzt in eine andere, ruhigere Zeit. Nicht nur wir entspannen in dieser Atmosphäre optimal, auch unser Hund hat sich mit einem wohligen Seufzen im schattigen Biergarten ausgestreckt, nachdem ihm der Wirt eine große Schüssel mit frischem Wasser gebracht hat.

(Fast) alle Wege führen zur Kuhalm – etwa vom Ameisenweg, direkt von Bodenmais oder von der Gutsalm Harlachberg aus erreicht man sie in 30–60 Minuten.

39

Joska Glasparadies
Am Moosbach 1
94249 Bodenmais
09924 7790
www.joska.com

IM GLASKAUFHAUS

Joska Glasparadies

Wenn man sich unter dem Paradies etwas Ähnliches vorstellt wie das Schlaraffenland – also Überfluss, Bedürfnisbefriedigung, Wunscherfüllung, Farbenrausch –, dann ist man richtig im Glasparadies Joska in Bodenmais, wo das Lebenselixier des Bayerischen Waldes, das Glas, auf das Vortrefflichste vermarktet wird.

Glas gibt es hier ohne Ende. Die Außenanlagen sind geschmückt mit Glasskulpturen, übermannshohen Glasblumen, Glasmosaiken auf dem Boden. Im riesigen Verkaufsraum findet man alles, was sich aus Glas herstellen lässt. Vom Bierkrug bis zum goldverzierten Sektkelch wird Gebrauchsglas angeboten, und natürlich dürfen Glasteller und Schalen nicht fehlen. Bayerns unvergessener König Ludwig II. hätte seine helle Freude an den über 1.000 verschiedenen Kronleuchtern, die im Glasparadies angeboten werden. Für Sieger, ob im Sport oder im kulturellen Bereich, stellt Joska Glaspokale her. Darin sind sie Weltmarktführer und stolz darauf, in welch berühmte Hände die Trophäen schon gelangt sind. Am meisten Raum nimmt die Glasdeko ein. Bei deren Anblick gehen dem Besucher fast die Augen über. Fusing-Glas – das ist verschiedenfarbiges Glas, das miteinander verschmolzen ist – hat den Markt erobert, und man findet vom grünen Frosch bis zur vielfarbigen Amphore alles, was das Herz begehrt. Wie all diese Wunderwerke entstehen, erfährt der Besucher, wenn er sich in die Werkstatt begibt. Dort kann er den Glasbläsern, -schleifern, -malern und -graveuren über die Schulter schauen. Es gibt sogar die Möglichkeit, seine eigene farbige Glaskugel zu blasen.

Da der Mensch vom Glas allein nicht leben kann, darf natürlich auch die Gastronomie nicht fehlen. Café, Erlebnisrestaurant und Biergarten sorgen für das leibliche Wohl, am Wochenende sogar mit bayerischer Musik.

Ausgelassenes Spielen ist im angeschlossenen *Kinderland* mit Abenteuerspielplatz möglich: Klettergarten, Riesenrutsche oder Formel-1-Autos lassen keine Langeweile aufkommen.

Großer Arber
Talstation Arber 1
94252 Bayerisch Eisenstein
09925 94140
www.arber.de

Berghaus Sonnenfels
Sonnenfelsen 1
94252 Bayerisch Eisenstein
09925 1379
www.arber-sonnenfels.de

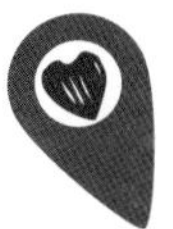

DER KÖNIG DES BAYERISCHEN WALDES

Großer Arber

Mit 1.456 Metern ist der Große Arber nicht nur der höchste Berg des Bayerischen Waldes, sondern erreicht auch als einziger die klimatische Waldgrenze. Nicht ohne Grund wird er »König des Bayerischen Waldes« genannt. Von den unzähligen Wanderrouten in diesem Gebiet empfiehlt sich für alle, die zum ersten Mal hier sind, eine Runde über das Gipfelplateau mit dem Hauptgipfel, dem Bodenmaiser Riegel und dem Kleinen und Großen Seeriegel. Alle vier Felserhebungen lassen sich mit einer kurzen Kletterpartie erklimmen und belohnen einen bei gutem Wetter mit einer grandiosen Aussicht bis hin zu den Alpen. Der Rundweg selbst ist leicht zu begehen und barrierefrei, der etwa eineinhalbstündige gut ausgeschilderte Aufstieg von der Talstation aus fordert keine besondere Kondition. Wer es bequemer mag, steigt in eine der Sechsergondeln und gelangt so direkt vom Parkplatz aus ganz nach oben – gegen einen geringen Aufpreis zusammen mit dem Hund.

Auch wenn die Fahrt mit der Bergbahn ein Erlebnis ist, sportliche Zwei- und Vierbeiner haben einen Vorteil: Sie können beim Abstieg im Berghaus Sonnenfels einkehren. Die Abzweigung ist zuverlässig markiert und leise bayerische Musik weist einem zudem den Weg. Dass alle Familienmitglieder herzlich willkommen sind, merkt man spätestens, wenn der Napf mit kühlem Wasser für den Hund unter den Tisch geschoben wird. Weitab vom Rummel der Hütten auf dem Gipfel genießt man auf der Terrasse oder in der urigen Stube deftige Köstlichkeiten vom selbst panierten Schnitzel bis zum frisch zubereiteten Kaiserschmarrn und zu den hausgemachten Kuchen. Wir planen unsere Wanderungen in der Arberregion grundsätzlich so, dass eine Einkehr am Sonnenfelsen möglich ist.

Legen Sie den Ausflug wegen des hohen Besucheraufkommens möglichst nicht auf einen sonnigen Sonntag und denken Sie an Münzen für den Parkautomaten.

Nahe Freyung grasen im Sommer die Kühe auf saftigen Wiesen

41

Localbahnmuseum
Bahnhofstraße 44
94252 Bayerisch Eisenstein
09925 1376
www.blv-online.eu

Tourist-Information Bayerisch Eisenstein
Schulbergstraße 1
94252 Bayerisch Eisenstein
09925 9019001
www.bayerisch-eisenstein.de

GESCHICHTE ZUM ANFASSEN

Localbahnmuseum

Ein Blick aus dem Fenster lässt nichts Gutes erahnen und nach der morgendlichen Spazierrunde steht fest, dass der Landregen die Tagesplanung gründlich vereitelt hat. Falls ein Tag im Hotel keine Option darstellt, ist das Localbahnmuseum eine echte Alternative und auch der Hund darf mit in die Ausstellung.

Allein das Museumsgebäude ist schon sehenswert: Über 20 Fahrzeuge aus den verschiedensten Epochen sind in einem original restaurierten Rundlokschuppen aus Granit untergebracht, den die Königlich Privilegierte Aktiengesellschaft der Bayerischen Ostbahn im Jahr 1877 errichtete. Dampf- und Diesellokomotiven, Draisinen, Dienstfahrzeuge, Signale und das unterschiedlichste Eisenbahnzubehör kann man hier bestaunen und sich ausführlich über die bayerische Eisenbahngeschichte informieren. Den besten Überblick über die Exponate haben Besucher übrigens von der Galerie aus. Ständig kommen neue Ausstellungsstücke dazu, sodass sich ein Besuch des Museums auch im nächsten Urlaub wieder lohnt.

Auf dem Außengelände befinden sich neben weiteren Wagen eine intakte Drehscheibe, Schlackengruben und Wasserkräne, die heute noch zur Versorgung von Dampfsonderzügen genutzt werden. Hier werden nicht nur Eisenbahnerträume wahr, sondern die ganze Familie ist begeistert von diesem Museum zum Anfassen, in dem ein Stück Geschichte wieder lebendig wird. Eingefleischte Fans kommen am Museumsladen nicht vorbei, der neben Souvenirs eine interessante Auswahl an Fachliteratur bietet.

Wer Familienfeiern oder Firmenjubiläen einen besonderen Rahmen verleihen möchte, ist hier richtig. Über den Eisenbahnverein, der das Museum unterhält, kann ein Zug gebucht werden.

Der *Bayerische Localbahn Verein* bietet mehrmals im Jahr Sonderzugfahrten in historischen Wagen an, die mitunter auch von einer schnaufenden Dampflok gezogen werden. Nähere Informationen zu den Terminen und Strecken sind der Website des Vereins zu entnehmen.

42

Bahnhof Bayerisch Eisenstein
Bahnhofstraße 54
D-94252 Bayerisch Eisenstein und
Debrník 30
CZ-34004 Železná Ruda

NaturparkWelten im Grenzbahnhof
Bahnhofstraße 54
D-94252 Bayerisch Eisenstein
+49 (0)9925 902430
www.naturparkwelten.de

DER ZERSCHNITTENE BAHNHOF

Grenzbahnhof

Früher war alles besser, heißt es, manches aber war auch deutlich schlechter. Der Grenzbahnhof in Bayerisch Eisenstein ist so ein Fall. Es gab Zeiten, da war hier die Welt zu Ende. »Alles aussteigen, unser Zug endet hier«, hieß es hüben wie drüben. Denn die Staatsgrenze zwischen Deutschland und der damaligen Tschechoslowakei war zugleich der Eiserne Vorhang zwischen Ost und West. Die Gleise auf böhmischer Seite waren vorsorglich gleich mal unterbrochen worden.

Bis heute verläuft die Staatsgrenze zwischen Deutschland und Tschechien mitten durch den Bahnhof. Er hat sogar zwei Postanschriften, eine deutsche und eine tschechische. Auch der Tarif ändert sich hier. Und doch kann man nun mit der gelb-grünen Waldbahn von Plattling nach Bayerisch Eisenstein fahren, in einen Zug der Tschechischen Bahn (ČD) einsteigen und einige Zeit später in Klattau, Pilsen oder Prag sein. Tempora mutantur, nos et mutamur in illis. (Die Zeiten ändern sich und wir mit ihnen.)

Wer also den Grenzbahnhof Bayerisch Eisenstein besucht, kann sich dem Gefühl, einen historischen Ort zu betreten, kaum entziehen. Nicht umsonst wurde der Bahnhof von der *Allianz pro Schiene*, die sich für eine stärkere Förderung des Schienenverkehrs einsetzt, 2017 als »Bahnhof des Jahres« ausgezeichnet. Da lag das entscheidende Datum freilich schon eine Zeitlang zurück: Am 2. Juni 1991 hatte Kanzler Kohl den Grenzbahnhof Bayerisch Eisenstein mit einem symbolträchtigen »Freie Fahrt!« neu eröffnet, diesmal ohne Prellbock und Stacheldraht. Europa war damit ein Stück näher zusammengerückt.

Sehenswert neben dem dreiteiligen, restaurierten Bahnhofsgebäude mit Fotoausstellung, historischem Abriss und Restaurant ist auch das nur einige Schritte entfernte Localbahnmuseum. Kohls gerne zitierter »Mantel der Geschichte« – in Bayerisch-Eisenstein wird er spürbar und sichtbar.

Einblick in die Vielfalt des Naturparks Bayerischer Wald geben die *NaturparkWelten* im Grenzbahnhof.

48

Schwellhäusl
Schwellhäusl 310
94252 Bayerisch Eisenstein
09925 460
www.schwellhaeusl.de

Zwieseler Waldhaus
Zwieslerwaldhaus 28/30
94227 Lindberg bei
Zwiesel
09925 902020
www.zwieselerwaldhaus.de

TRIFTERKLAUSE MIT BIERWUNDER

Gasthaus *Schwellhäusl*

Der reizvollste Weg zum mitten im Nationalpark gelegenen Gasthaus *Schwellhäusl* verläuft durch den *Watzlik-Hain*. Um dorthin zu gelangen, fährt man durch den Ort Zwieslerwaldhaus und folgt der Straße bis zum letzten Parkplatz P2 in Brechhäuslau. Nach ein paar Metern auf der Forststraße beginnt der schattige *Schwellsteig* mit seinen zahlreichen Bächlein und Rinnsalen, in denen sich Hunde mit Begeisterung die Pfoten kühlen und ihren Durst stillen. Nicht verpassen sollte man die Abzweigung vom Rundweg, sie führt vorbei an uralten Baumriesen zur *Dicken Tanne*, die mit einer Höhe von 50 Metern und einem Stammdurchmesser von zwei Metern der stärkste Baum des Bayerischen Waldes ist.

Zurück auf der Hauptroute ist es jetzt nicht mehr weit bis zu der traditionsreichen Einkehr, die seit 125 Jahren von der Familie Lettenmaier bewirtschaftet wird. Schon vor der Hütte erwartet uns eine Überraschung: Aus einem Felsen sprudelt Schwarzbier – ein Brunnen der besonderen Art, der nicht nur Liebhaber des Gerstensafts begeistert. Kinder entdecken sofort den großen Abenteuerspielplatz, der zum Klettern und Toben einlädt. Weil es keinerlei Autoverkehr gibt (das *Schwellhäusl* ist nur zu Fuß zu erreichen), können die Kleinen gefahrlos über die Wiesen tollen. Große und kleine Tierfreunde und so mancher Hund freuen sich über die zahlreichen Mitbewohner der Hütte: Da schreit ein Esel, dort meckert eine Ziege und auf dem Schuppendach schlägt ein Pfau sein prachtvolles Rad. Wer möchte, streichelt das weiche Fell der Hasen oder schaut ihnen beim Hoppeln zu. Wir lassen uns im Biergarten bayerische Gerichte schmecken. Hier im Schatten ist die Versuchung groß, sich anschließend noch Kaffee und Kuchen zu gönnen.

Das *Zwieseler Waldhaus*, das älteste Gasthaus im Bayerischen Wald, ist ein optimaler Ausgangspunkt für die Wanderung zum *Schwellhäusl*.

44

Nationalparkzentrum Falkenstein Haus zur Wildnis
Eisensteiner Straße 20
94227 Lindberg-Ludwigsthal
09922 50020
09922 8045843 (Gastronomie)
www.nationalpark-bayerischer-wald.bayern.de
www.gastronomie-hauszurwildnis.de

ZU GAST BEI LUCHSEN UND WÖLFEN

Tierfreigelände im Nationalparkzentrum Falkenstein bei Ludwigsthal

Herden von Wildpferden und Auerochsen, Luchse und Wölfe umgeben von fast unberührter Natur – Kanada! Nein, Bayerischer Wald! Ohne Flugreise lassen sich die Tiere im ältesten Nationalpark Deutschlands beobachten. Während Pferde kurz nach der Eiszeit die Steppen bevölkerten, lebten die Urrinder hier bis ins Mittelalter, und Wolf und Luchs sind mit kurzer Unterbrechung bis heute Bewohner der Wälder.

Auf einem knapp drei Kilometer langen, barrierefreien Weg kommt man den Pferden und Auerochsen fast zum Greifen nahe und in einer rekonstruierten Höhle wird der Besucher multimedial zurückversetzt in die Steinzeit, in der diese Tiere hier heimisch waren. Hunde dürfen draußen mit und spüren sicher dank ihres Geruchssinns die Anwesenheit von Wölfen und Luchsen, lange bevor wir die scheuen Waldbewohner mit etwas Glück und Geduld entdecken. Am besten gelingt das vom Aussichtsturm im Wolfsgehege, der einem bei gutem Wetter einen weiten Blick über das Gebiet zwischen Arber und Falkenstein ermöglicht.

Das mitten im Nationalparkzentrum gelegene *Haus der Wildnis* wäre allein schon einen Besuch wert. Eine interaktive Dauerausstellung für die ganze Familie informiert in Spiel- und Erlebnisstationen über Flora und Fauna. Im Laden werden lokale Handwerkskunst und kulinarische Spezialitäten aus dem Bayerischen Wald angeboten. Das bio-zertifizierte Restaurant sorgt für das leibliche Wohl und bietet regionale Küche mit einer großen Auswahl an vegetarischen Gerichten. Kleine Naturfreunde dürfen sich nach Lust und Laune auf dem Spielplatz austoben, bevor sie sich von der »Wildnis« verabschieden.

Der Eintritt ist frei, der Parkplatz nicht. Wer auf das Auto verzichtet: Die Waldbahn hält direkt auf dem Gelände – Haltestelle Ludwigsthal/Haus zur Wildnis.

45

Förderkreis Schloss Buchenau e. V.
Buchenau 69
94227 Lindberg
09926 180223
www.foerderkreis-schloss-buchenau.de

Glasbläserei Schmid
Am Sonnenhang 1
94227 Lindberg
09922 2016
www.glas-karl-schmid.de

Die Poschingers machen schon seit dem 16. Jahrhundert Glas, im 17. Jahrhundert wurden sie in den Adelsstand erhoben und im 19. Jahrhundert ließen sie sich ein Schloss im Glashüttendorf Buchenau errichten. Als die Hütte in Konkurs ging, gingen auch die von Poschinger. Heute gehört das Anwesen einem Förderkreis, der sich um die Erhaltung der Anlage kümmert. Am Dorfrand gelegen, von einem 20.000 Quadratmeter großen Garten umgeben, macht das Schloss einen imposanten Eindruck auf den Besucher, der am Tor steht und die vielen Treppen zum Haus emporsieht.

Schloss und Garten sind zugänglich, wenn gerade eine Ausstellung, ein Konzert, oder ein Markt stattfindet – oder wenn man sich in die Ferienwohnung einmietet, die sich gleich neben dem Herrenhaus im Kontorhaus befindet. Im Obergeschoss ist man in der großzügigen Wohnung mit den knarrenden Dielen und den alten Möbeln gut aufgehoben und kann den romantischen Garten ungestört genießen.

Die Kunstwerke, die manchmal im Bewuchs verschwinden, die Bank am kleinen Rosengarten, die Andeutung eines Barockgartens und die große Wiese, wo Konzertbesucher Platz finden: Schloss Buchenau bietet eine traumhafte Umgebung für Ruhesuchende und Menschen, die genug davon haben, den Medien ausgeliefert zu sein, zumindest eine Zeit lang. Hier gibt es weder Telefon noch Fernseher, kein Internet und auch der Handyempfang ist schwach und zudem auf bestimmte magische Orte beschränkt. Da freut man sich über das Unterhaltungsprogramm, das zweimal täglich angeboten wird: Morgens ziehen die Kühe unter dem Fenster vorbei auf die Weide, am Abend zurück in den Stall. »Geh weider!« Geduldig werden die Säumigen ermahnt. Bald ist das Schauspiel vorbei und man ist wieder allein. Vielleicht ist jetzt Zeit für ein Gespräch am großen Esstisch oder für die Lektüre eines Buches im Ohrensessel im Wohnzimmer. Schloss Buchenau ist ein Traum für Menschen, die Stille genießen.

Gläserne Lichtobjekte finden Sie in der Glasbläserei Schmid nahe Lindberg.

46

Trinkwassertalsperre Frauenau
Schachtenstraße in Oberfrauenau
94258 Frauenau
www.landeskraftwerke.bayern/frauenau.htm

PREISGEKRÖNTES WASSERRESERVOIR

Trinkwassertalsperre Frauenau

Der Fluss *Kleiner Regen* und der Hirschbach speisen den See, der – fernab von Landwirtschaft und Zivilisation in einem Wasserschutzgebiet gelegen – den Bayerischen Wald mit Trinkwasser versorgt. Zehn Jahre hat es gedauert, den Wasserspeicher, der überdies dem Hochwasserschutz dient, zu errichten. Der rund 71 Meter hohe Damm, der die beiden Gewässer aufstaut, ist ein imposantes Bauwerk. Er beeindruckt nicht nur durch seine Größe, sondern ist auch optisch so gut gelungen, dass er bereits einen Architekturpreis erhalten hat.

Der Rundweg, der um den 0,9 Quadratkilometer großen See führt, dauert ungefähr eineinhalb bis zwei Stunden. Man muss kein passionierter Wanderer sein, um die 130 Höhenmeter zu bewältigen und selbst für Kinder gibt es keine nennenswerten Hindernisse. Ausgelassener Badespaß und Abkühlung in den 20 Millionen Kubikmetern bleibt jedoch ein Wunschtraum, denn im Wasserschutzgebiet ist sowohl Fischen und Jagen als auch das Betreten der Ufer verboten.

Abgesehen von dieser Einschränkung ist die Talsperre definitiv einen Ausflug wert. Würde nicht der Entnahmeturm aus der Oberfläche ragen, könnte man fast vergessen, dass es sich um ein künstlich angelegtes Gewässer handelt. Zu malerisch schlängelt sich der Weg am Ufer entlang und führt durch die nahezu unberührte Waldlandschaft. Besonders beeindruckend ist der Ausblick vom Staudamm: Hier liegt nicht nur der gesamte See vor einem, sondern mit dem *Rachel* auch einer der höchsten Berge des Bayerischen Waldes. Am besten startet man am Wanderparkplatz *Trinkwassertalsperre Frauenau*, von wo aus man in einer knappen halben Stunde die Dammkrone erreicht. Nutzen Sie nicht den ersten Parkplatz am Waldanfang, fahren Sie lieber bis zum Ende der Straße, um nicht gut zwei Kilometer zusätzlichen Fußmarsch in Kauf zu nehmen.

Packen Sie eventuell eine kleine Brotzeit ein, denn im Wasserschutzgebiet gibt es keine Einkehrmöglichkeiten.

47

Glasmuseum Frauenau
Am Museumspark 1
94258 Frauenau
09926 941020
www.glasmuseum-frauenau.de

GLÄSERNE ZEITREISE

Glasmuseum Frauenau

Schon der Weg zum Glasmuseum in Frauenau ist besonders. Man schlendert durch die Gläsernen Gärten, einen acht Hektar großen Skulpturenpark, auf das Museum zu, dessen Südseite die Basis für eine weitere Skulptur bildet. 126 Glasballons in unterschiedlichen Größen hängen an der Wand wie im Trockengestell eines Labors, spielen mit der Sonne, werfen Schatten und zeigen die Bedeutung des Glases für Frauenau auf. Dem trug der ehemalige Bürgermeister Alfons Hannes Rechnung, der selbst Glasgraveur war, indem er 1975 ein eingestürztes Sägewerk zu einem Glasmuseum umfunktionierte. Unterstützt wurde er dabei unter anderem von dem Glaskünstler Erwin Eisch. Als ab 1999 staatliche Gelder an das Museum flossen, wurde ein neues Museum konzipiert.

Heute informiert das Glasmuseum in einem runden, fast spiralförmigen Gebäude über die verschiedensten Facetten von Glas. Die beeindruckende, dem Ort zugewandte Glasfassade deutet schon von außen den inneren Aufbau an. Wie in einer Zeitspirale durchwandert der Besucher die Entwicklungsgeschichte von Glas. Sie beginnt im Altertum, im Nahen Osten, den Hochkulturen Ägyptens, Mesopotamiens und Syriens, wo die Glasherstellung wahrscheinlich entdeckt wurde, führt durch das Mittelalter bis in die Moderne. Im Mittelpunkt des Gebäudes befindet sich die Darstellung einer Glashütte. Hier geht es um die Technik, die Veränderungen im Glashandwerk und das Leben der Glasarbeiter. Das Sterben der Glashütten im Bayerischen Wald, die Frage nach der Zukunft und mögliche Auswege werden ebenfalls thematisiert.

Direkt hinter der Glasfassade befinden sich auf zwei Stockwerken Vitrinen mit Ausstellungsstücken der Moderne seit 1945. Einen wesentlichen Anteil an der künstlerischen Gestaltung mit Glas hat die um 1960 in Amerika gegründete und von Erwin Eisch in Deutschland etablierte Studioglasbewegung. Eine breite Auswahl wesentlicher Stücke des Frauenauer Künstlers ist daher ebenfalls ausgestellt, unter anderem seine Installation *Narziss*.

Damit nicht genug: Auch Schnupftabakgläser, eine Glasschmucksammlung, Glasmalerei und Sonderausstellungen mit Glaskunst aus aller Welt gibt es zu bewundern.

48

Historisches Waldferien-dorf Dürrwies
94253 Bischofsmais
09920 335
www.waldferiendorf-duerrwies.de

EINFACH MAL ABTAUCHEN

Historisches Waldferiendorf Dürrwies

Aus der Zeit gefallen, historisch und doch modern, ruhig und doch voller Leben. Das auf 800 Metern Höhe gelegene Feriendorf lässt sich nur schwer beschreiben, man muss es gesehen haben. Gerade als ich mich auf der Fahrt dorthin frage, ob ich nicht versehentlich auf einem Forstweg Richtung Nirgendwo gelandet bin, sehe ich den Parkplatz. Dürrwies ist autofrei, ab jetzt geht's zu Fuß weiter. Verschlungene Wege führen durch den Wald, in dem wunderschöne, alte Waidlerhäuser auftauchen. Kinderlachen, Hundegebell, Vogelgesang, aber kein Straßenlärm. Die Zeit könnte tatsächlich stehen geblieben sein in den 60er-Jahren des letzten Jahrhunderts, als die alten Holzhütten im Bayerischen Wald immer öfter von ihren Besitzern aufgegeben wurden – zum Bedauern von Baron von Detten, der einen genialen Einfall hatte: Er suchte die schönsten Gebäude, ließ sie abtragen und an diesem Ort als Dorfensemble erneut errichten. Dabei wurden sie einerseits mit modernstem Komfort (dem sie heute noch entsprechen) und andererseits mit Antiquitäten ausgestattet.

Dürrwies ist ein Traum für naturverbundene Erwachsene, für Kinder und Hunde sowieso. Dank fehlender Autos und Straßenbeleuchtung funkeln hier die Sterne nachts heller und die abgasfreie Luft ist würziger als anderswo. Vor der Tür findet man Beeren und Pilze, und abends kann es vorkommen, dass sich Fuchs und Hase vor dem Fenster gute Nacht sagen. Wer will, wohnt fernsehfrei, schließlich wird es hier nie langweilig. Spielplatz, Waldschwimmbad und eine überdachte Tischtennisplatte im Freien – für Bewegung ist gesorgt. Zu einer Erkundungstour lädt der Wald mit seinen Lichtungen, Hügeln und dem Bach ein. Oder man verabredet sich direkt im Dorf zu einer gemeinsamen Wanderung. Nach so viel Natur und Entschleunigung will man gar nicht mehr zurück in das hektische Leben unserer Zeit.

Dürrwies ist auch im Winter ein Geheimtipp. Viel Schnee, keine Knallerei zu Silvester, eine eigene Rodelbahn und überall gemütlich prasselnde Kaminfeuer versprechen Romantik pur.

49

Landpartie
Sicking 29
94571 Schaufling
09901 902986
www.landpartie-ambiente.de

CAFÉ UND LADEN IM GRÜNEN

Café und Laden *Landpartie* in Sicking

Spätbarocker Gewölbekeller oder Elfengarten? Fast muss man froh sein, wenn das Wetter nicht perfekt mitspielt und einem so die Entscheidung abgenommen wird, wo man sich gemütlich niederlässt. Wir kamen früh im Jahr und haben Biokaffee und selbst gebackenen Kuchen (die Vitrine stellt einen vor die Qual der Wahl) drinnen genossen. Dass die *Landpartie* – dem Namen entsprechend – weit ab vom Schuss mitten im Grünen liegt, ist kein Nachteil, sondern trägt zur Entschleunigung bei, die man hier sucht und findet. Der ehemalige Versorgerhof des Klosters Niederaltaich, der heute ein Café und einen Laden beherbergt, steht im kleinen Weiler Sicking. Hier kommt keiner zufällig vorbei und trotzdem ist der Geheimtipp immer gut besucht.

1997 hatte sich die Betriebswirtin und Hotelfachfrau Barbara König in das Gebäude verliebt und es ursprünglich lediglich als Wohnhaus gekauft. Bei den Renovierungsarbeiten entstand die Idee für ein Geschäft mit Spezialitäten wie hausgemachtem Sirup und Fruchtaufstrichen, Kaffee, handgeschöpften Seifen und vielem mehr. Ein paar Jahre später kam das Café dazu. Im wildromantischen Außengelände entspannt man bei Vogelgezwitscher und dem Zirpen der Grillen von Hektik und Lärm des modernen Lebens. Ein Rundgang durch den liebevoll angelegten Naturgarten führt die Gäste vorbei an Statuen, Gartenmöbeln und Accessoires für drinnen und draußen. Die schönen Dinge laden nicht nur zum Bewundern, sondern auch zum Kauf ein. Fast alles, was hier zu sehen ist, kann als Souvenir von diesem ruhigen Ausflug aufs Land erstanden werden.

Wer der nächsten Geburtstagsfeier im überschaubaren Kreis einen besonderen Rahmen verleihen möchte, ist hier genau richtig. Einfach anfragen und das zauberhafte Ambiente der Landpartie auch ganz privat genießen.

In herrlicher Natur gelegen bietet die Gegend rund um die *Landpartie* viele Möglichkeiten für einen Verdauungsspaziergang, und die Wirtin gibt gerne Tipps für eine Runde im La*llinger Winkel*.

IM SÜDEN DES BAYERISCHEN WALDES

50

Waldbahn ab Grafenau
Bahnhofplatz 10
94481 Grafenau

Waldbahn-Kundencenter
Bahnhofsplatz 3
94227 Zwiesel
089 548889725 (Service-Hotline)
www.laenderbahn.com/waldbahn

KLIMAFREUNDLICH UNTERWEGS

Fahrt mit der Waldbahn nach Zwiesel

»Wir fahren grün«, heißt es bei der Waldbahn. Damit ist weder die Farbe der Waggons noch der Bäume gemeint, sondern das nachhaltige Mobilitätsversprechen. Das Streckennetz der Regionalbahn umfasst weite Teile des Bayerischen Waldes – einer bequemen und klimaschonenden Erkundung der Region steht also nichts mehr im Wege. Bei dieser umweltfreundlichen Art des Reisens muss niemand auf Komfort verzichten: Ticketverkauf im Zug, Kundenbetreuer in jedem Fahrzeug, genügend Platz für Fahrräder in den Waggons und ein stufenloser Einstieg für mobilitätseingeschränkte Personen sorgen für einen entspannten Aufenthalt im Zug.

Wir starten mit der WBA 3 in Grafenau und fahren über Spiegelau und Frauenau nach Zwiesel, wo wir uns die Beine vertreten und einen kleinen Rundgang durch die alte Glasstadt absolvieren. Wir überqueren den *Weißwurstäquator*, der hier 2013 in Form einer Skulptur sichtbar gemacht wurde, bestaunen die höchste Kristallglas-Pyramide der Welt und legen eine Kaffeepause ein. Hektik ist unangebracht, denn die WBA 2 bringt ihre Fahrgäste stündlich von Zwiesel nach Bodenmais, sodass jeder selbst entscheiden kann, wie lange der Aufenthalt dauern soll. Dort hat man den ganzen Tag Zeit, den Kurort zu erkunden, denn zurück nach Zwiesel geht es wieder im Stundentakt und erst abends fährt der letzte Zug nach Grafenau.

Für alle, die nicht genug bekommen von dieser Art zu reisen, bietet sich ein weiterer Ausflug auf den Schienen an. Seit 1877 verbindet die Waldbahn auf einer rund 72 Kilometer langen Strecke die Orte Bayerisch Eisenstein und Plattling. Haltestellen sind zum Beispiel die Kreisstädte Deggendorf und Regen. Naturfreunde werden sich aber besonders für Ludwigsthal interessieren. Wer hier aussteigt, befindet sich direkt im Nationalparkzentrum Falkenstein.

Hundebesitzer sollten daran denken, ihren Vierbeiner vor der Fahrt an einen Maulkorb zu gewöhnen und diesen auch mitzuführen. Der Maulkorb ist in der Waldbahn für Vierbeiner Pflicht.

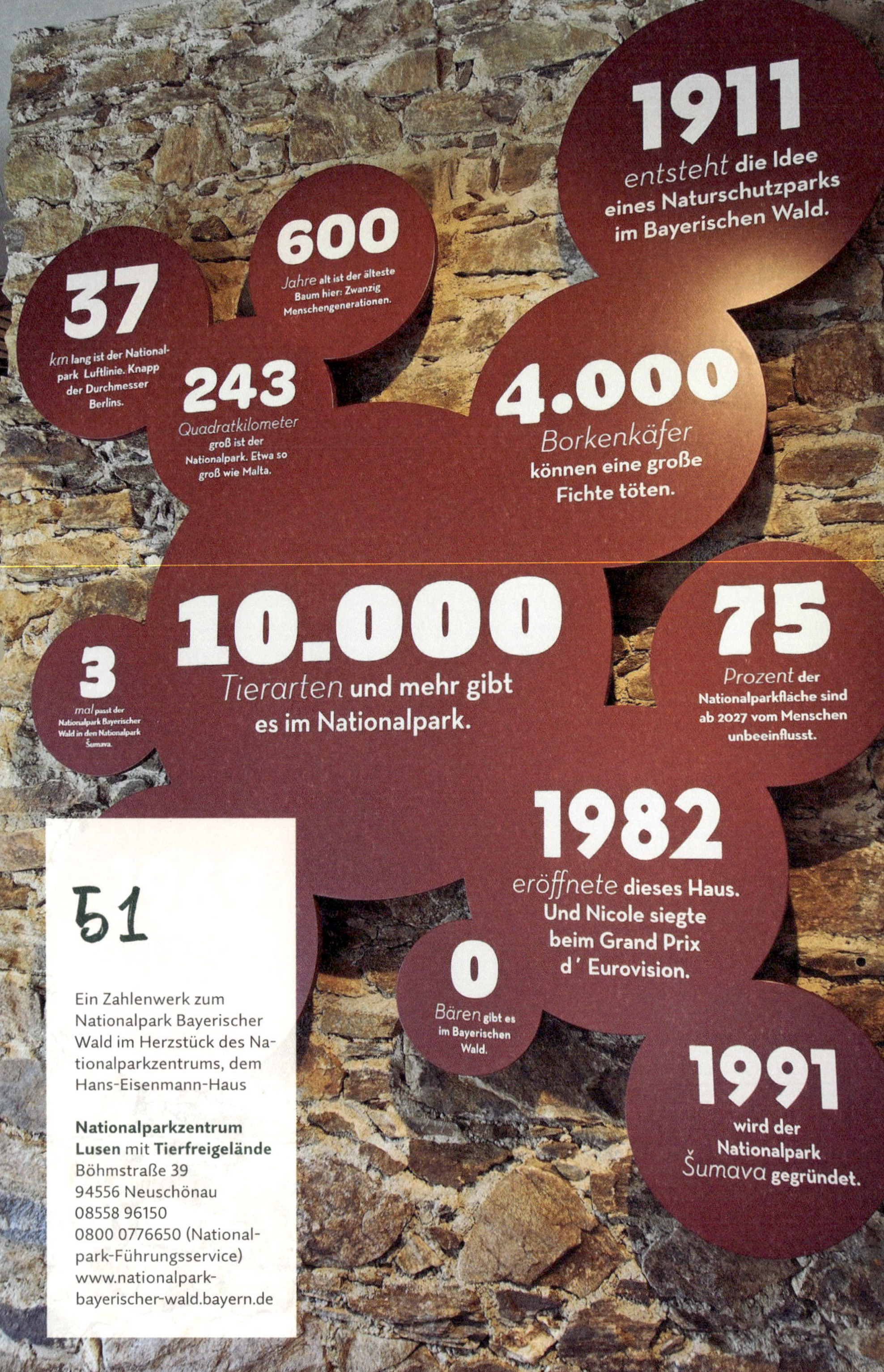

51

Ein Zahlenwerk zum Nationalpark Bayerischer Wald im Herzstück des Nationalparkzentrums, dem Hans-Eisenmann-Haus

Nationalparkzentrum Lusen mit **Tierfreigelände**
Böhmstraße 39
94556 Neuschönau
08558 96150
0800 0776650 (Nationalpark-Führungsservice)
www.nationalpark-bayerischer-wald.bayern.de

WILD, SCHÖN UND SEHR LEHRREICH

Nationalparkzentrum Lusen mit Tierfreigelände

Der Nationalpark Bayerischer Wald setzt Maßstäbe. 1970 als erster Nationalpark in Deutschland gegründet, bildet er zusammen mit dem benachbarten Nationalpark Šumava in Südböhmen die größte zusammenhängende Waldfläche in Mitteleuropa. Der integrierte Baumwipfelpfad bei Neuschönau war mit seinen 1,3 Kilometern Länge bei der Eröffnung im September 2009 der längste weltweit. Inzwischen haben ihn die Baumwipfelpfade *Panarbora* in Nordrhein-Westfalen sowie die *Senda dil Dragun* im Schweizer Laaxer Wald überholt.

Bis 2027 sollen 75 Prozent der Fläche im Nationalpark Bayerischer Wald (24.250 Hektar) zu Naturzonen werden. Sie definieren sich dadurch, dass in ihnen keine menschlichen Eingriffe mehr stattfinden. Es gilt der (nicht unumstrittene) Leitsatz *Natur Natur sein lassen*. Die immer wiederkehrende Borkenkäferplage ist eine Folge davon. Das herumliegende Totholz ebenfalls. Es hat freilich eine wichtige Funktion für Regeneration und Lebensfähigkeit im Ökosystem Wald. So ist es die Lebensgrundlage für viele Tiere und Pflanzen und trägt außerdem zur Naturverjüngung bei.

All dies erfahren Besucher auf den zahlreichen Infotafeln und in den Bildungszentren wie dem Hans-Eisenmann-Haus im Nationalparkzentrum Lusen. Dort vermitteln interaktive Stationen der ganzen Familie Wissenswertes rund um den Bayerischen Wald. Kleine Naturforscher erkunden die Ausstellung auf einer eigenen »Kinderlinie« mit Hörstationen oder im Erlebnisraum *Waldwerkstatt*.

Einige Bewohner des Bayerischen Waldes gibt es im angrenzenden Tierfreigelände zu sehen. Leider sind die Tiere dort ausgesprochen menschenscheu. Bei unserem Rundgang waren von den angekündigten 40 Tierarten immerhin fünf zu sehen: zwei Uhus, zwei Marder, zwei Auerhühner, mehrere Enten und ein in der Ferne auf einem Felsen schlafender Luchs. Wölfe, Elche oder Braunbären hatten sich vorsorglich verkrochen.

Exkursionen in die »Wildnis« sind nach voriger Anmeldung mit ausgebildeten Waldführern und Nationalparkexperten möglich.

52

Wildbachklamm Buchberger Leite
Startpunkt: Parkplatz beim Freibad
Zuppinger Straße
94078 Freyung

Touristinformation Freyung
Stadtplatz 10
94078 Freyung
08551 588150
www.freyung.de

WILDER GEHT'S NICHT

Wildbachklamm Buchberger Leite

Am schönsten ist der Weg durch die wildromantische Buchberger Leite kurz nach Sonnenaufgang. So früh am Morgen offenbart sich die Wildwasserklamm an der Wolfsteiner Ohe in ihrer ganzen urwüchsigen Pracht. Dann wirkt der ohnehin schon urige Bayerische Wald fast wie ein Urwald und versetzt den Besucher in eine eigentümliche Stimmung aus erdgeschichtlicher Faszination und archaischer Verzauberung. Bäume, Licht, Luft, Felsen, Steine und Geröll; Moose, Farne und Wurzelwerk; Milzkraut, Gemswurz, Eisenhut, Dotterblume, Heilziest, Kratzdistel und viele mehr: Sie alle tun sich zusammen zu einer großen synästhetischen Sinfonie, in deren Zentrum drei Wildbäche rauschen: der Reschbach, der Saußbach und die Wolfsteiner Ohe. Sie vereinigen sich später zur sogenannten Schwarzen Perle, der Ilz. Das Wasser gibt den ewigen Takt vor, es ist der Pulsschlag dieses Naturerlebnisses erster Güte.

In einem der 77 schönsten Geotope Deutschlands ist er unterwegs, erfährt der Wanderer und wundert sich kaum. Auch dass es unter Landschaftsschutz steht, ist naheliegend. Wenn er am Ende der acht Kilometer langen Schlucht angekommen ist, spürt er leichtes Bedauern, das freilich durch den Gedanken an den Rückweg gemildert wird. Inzwischen hat er auch die an zwei dicken Drahtseilen schwingende Hängebrücke über die Wolfsteiner Ohe überschritten und dabei noch mal den Blick hinunter in den Wildbach genossen.

Mit der Hängebrücke hat es eine besondere Bewandtnis: Albert Blöchl, der auf einer Seite der Schlucht lebte und auf der anderen Seite in einem Carbidwerk arbeitete, war es irgendwann leid, jeden Tag einen weiten Umweg nehmen zu müssen. So kam er 1952 auf den Gedanken mit der Hängebrücke. Inzwischen ist sie im Besitz der Gemeinde Ringelai, die sie runderneuern und mit bequemen grünen Trittblechen ausstatten ließ. Nicht zuletzt für Kinder ist sie der heimliche Höhepunkt dieses Ausflugs.

Die Wildbachklamm kann auch von Ringelai aus erwandert werden. Müde Wanderer setzen auf die Buslinie, die Freyung mit Ringelai verbindet.

58

Bergdorf Hüttenhof – Luxus Chalets
Hobelsberg 23
94143 Grainet
08585 96050
www.bergdorf-huettenhof.de

Bergdorf Hüttenhof – Luxus Chalets

Bei einem Glas Sekt lauscht man am Abend dem Gutenachtlied der Vögel, beobachtet wie die Sonne am Horizont verschwindet, wie der Himmel immer dunkler wird, die Berge im Dunst verschwimmen und im Tal nach und nach die Lichter angehen. Es wird still und die Ruhe wird zum Genuss. Da freut man sich, dass Helmut Paster die Idee hatte, auf dem steilen Hang, wo einst Holz für die Wanderglashütte in Hobelsberg geschlagen wurde, ein Hüttendorf zu errichten. Das erste im Bayerischen Wald, wie der Hausherr versichert. Ein bisschen stolz ist er schon auf seine neun Chalets, die so geschickt angeordnet sind, dass man vom Nachbarn nicht gesehen werden kann. Nur die Dächer und ab und an ein Stück von der Holzwand blitzen durch die Hecken und Bäume.

Man fühlt sich sofort wohl in dem rustikalen Holzhaus, das mit allem Komfort ausgestattet ist. Im großen Wohnraum lädt ein Doppelbettsofa mit unzähligen Kissen zum Entspannen ein. An kalten Tagen kann man das knisternde Feuer im gemauerten Kaminofen genießen. Außerdem bietet die Hütte eine komplett eingerichtete Küche und eine gemütliche Essecke wie in einem bayerischen Bauernhaus. Sogar der Herrgottswinkel ist vorhanden. Das Bad mit der freistehenden Wanne, aus der man durch das riesige Fenster aufs Tal blickt, bildet zusammen mit der Sauna und dem Whirlpool auf der zweiten Terrasse eine traumhafte Wellnessoase. Ganz besonders kuschelig ist es in dem kleinen Schlafraum, in dem man sich wirklich bewusst wird, dass man sich in einem Holzhaus aufhält.

Auch für das leibliche Wohl wird im Hüttendorf bestens gesorgt. Den ankommenden Gast erwartet eine deftige Brotzeit, das Frühstück wird im Chalet serviert, Mittag- oder Abendessen kann man sich ebenfalls bringen lassen. Sogar eine Köchin kommt auf Wunsch ins Haus und bereitet ein deftiges bayerisches Essen zu.

Und das Beste: Wenn man die Augen öffnet, stellt man fest, dass das kein Traum ist.

Im Winter verspricht eine Fahrt mit dem Pferdeschlitten durch die verschneite Landschaft romantische Stunden.

54

Restaurant Johanns
Marktplatz 24
94065 Waldkirchen
08581 2082000
www.restaurant-johanns.de

Modehaus Garhammer
Marktplatz 28
94065 Waldkirchen
08581 2080
www.garhammer.de

DER MANN FÜRS FEINE

Restaurant Johanns

Angenehmes Sitzen, dezente Musik, aufmerksamer Service, ein schöner Tisch in der Ecke, ein traumhafter Ausblick auf den Bayerischen Wald und natürlich ausgezeichnetes Essen – im Restaurant Johanns wartet all das auf seine Gäste. »Ein Restaurantbesuch ist wie ein Abend im Konzertsaal«, erklärt uns Küchenchef Michael Simon Reis, der heute den Gruß aus der Küche serviert. Ein Gesamtkunstwerk also, wie bei Wagner. Und das ist es auch, hier herrscht ein entspanntes Ambiente, bei dem man langsam auftaut und sich nicht dauernd fragt: Geht das? Darf ich für das Radieschen die Finger nehmen?

»Gut kochen zu können bedeutet nicht, sofort aufzufallen, sondern lange im Gedächtnis der Menschen zu bleiben«, sagt Küchenmeister Reis. Es klingt wie ein Credo und ist auch eins. Dazu eine fein austarierte Mischung aus »Tradition und Innovation«. Die Zutaten stammen natürlich überwiegend von Produzenten aus der Region. Im Bayerischen Wald schmeckt es nun mal anders als in Berlin-Schönefeld oder am Bodensee.

Und wo lernt man das? »Indem man 15 Jahre in den besten Restaurants der Welt arbeitet«, antwortet Reis ganz ironiefrei. Was folgt, ist eine Edeladresse nach der anderen: Angefangen bei Johanna Maier und Steirereck, den österreichischen Spitzenrestaurants, bis zu Tristan, Arzak und Es Fum, den spanischen Gourmet-Tempeln. 2013 kam schließlich die Anfrage aus Waldkirchen. Ein absoluter Glücksfall für den bei Waldkirchen Geborenen. Er sagte zu und bekam bereits ein Jahr später seinen ersten Stern. Weitere Auszeichnungen folgten.

Wie auch immer: Uns haben die Gänge mit Spargel, Wollschwein, Zander und der süßen Krönung namens »Honigbiene« (karamellisierte Schokolade, Blütenpollen, Bienenwachs-Rahmreis und Waldhonig) geschmeckt – sicher nicht zum letzten Mal.

Im Garhammer, dem Kaufhaus gleich unterm Johanns, dem Outfit noch den letzten Schliff verpassen. Kundenservice wird hier großgeschrieben.

55

Museum Born in Schiefweg
Dorfplatz 9
94065 Waldkirchen-Schiefweg
08581 989190 (Wirtshaus im Emerenz-Meier-Haus)
www.born-in-schiefweg.de

»Mein Wald, mein Leben«

Museum *Born in Schiefweg* im Emerenz-Meier-Haus

In diesem Wirtshaus wurde Emerenz Meier 1874, die Bäuerin, Schriftstellerin und spätere Auswanderin nach Chicago, geboren. Bis zum Jahr ihrer Auswanderung lebte sie hier. Über der Gaststube befindet sich im ersten Stock das Auswanderermuseum *Born in Schiefweg*. Am Beispiel der Emerenz Meier wird ein Schicksal in all seiner Zerrissenheit zwischen Verwurzelung in der Heimat und der Sehnsucht nach einem besseren Leben in der Fremde erzählt. Es zeigt ein weitverbreitetes Lebensgefühl im Bayerischen Wald des 19. und beginnenden 20. Jahrhunderts.

Der das Museum tragende Verein hat das Haus in Schiefweg zur Informations- und Begegnungsstätte gemacht. Volkskundler und Literaturfreunde gehen hier ebenso ein und aus wie Touristen oder Schulklassen. Emerenz Meier ist nicht mehr nur »die Auswanderin«. Sichtbar wird eine Frau, die beim Versuch scheiterte, ihre Träume zu realisieren. Weder zu Hause noch in der Fremde fand sie ihr Lebensglück. Ein kleiner Ersatz war das Schreiben, ihre eigentliche Passion, wie das Gedicht *Mein Wald, mein Leben* zeigt. Frei von Kitsch ist es eine berührende Liebeserklärung an die Heimat, entstanden noch im Bayerischen Wald: »Ich sah den Wald im Sonnenglanz, | Vom Abendrot beleuchtet, | Belebt von düstrer Nebel Tanz, | Vom Morgentau befeuchtet«. In Amerika schrieb sie lediglich Briefe an Freunde und Bekannte, die sie zurückgelassen hatte. Die Dichterin in ihr gab es zu dieser Zeit schon nicht mehr. Die Überfahrt nach Amerika hatte sie die Kreativität gekostet.

Ein Audioguide führt durch das kleine, aber museumspädagogisch zeitgemäße *Born in Schiefweg*-Museum. Fotos, Briefe, Handschriften, Zeittafeln, Ton- und Filmdokumente – Besucher erhalten hier einen Überblick über das akribisch gesichtete und aufgearbeitete Erbe der Emerenz Meier wie sonst nirgendwo. Zeitgeschichtliches Material zum Thema Auswanderung rundet das Konzept ab.

Kommen Sie wieder vorbei, der rührige Verein veranstaltet Lesungen und Ausstellungen.

56

Schreinerei und Wirtshaus Hafner
Marktplatz 17
94157 Perlesreut
08555 699
www.hafner-wirtshaus.de

Perlesreuter Landmarkt
Marktplatz 31
94157 Perlesreut
08555 405510
www.perlesreuterland-markt.de

UND VORHER EIN »MONGDRATZERL«

Schreinerei und Wirtshaus Hafner

Ein Essen beim Hafnerwirt in Perlesreut vergisst man nicht. Schon die etwa halbstündige Fahrt bayerwaldwärts wirkt belebend. Der Weg führt durch das schöne, für seine Wanderwege bekannte Ilztal, schlängelt sich den Berg hinauf, hinunter und wieder nach oben. Vom Marktplatz etwas zurückversetzt liegt der Eingang zum legendären Wirtshaus, das im Erdgeschoss die Ausstellung der Hafner-Möbel zeigt, für die die Familie ebenso bekannt ist wie für ihre Gasthaustradition.

Dass die Familie diese Tradition im besten Sinne lebt, muss betont werden, denn sie ist selten geworden. Frische regionale Speisen, in der Zubereitung mal bodenständig, mal raffiniert, natürlich ohne »Packerlsauce« und ohne künstliche Zusätze. Und natürlich ist und bleibt die Küche seit Jahrzehnten mikrowellenfreie Zone. Der Gast freut sich über ein »Mongdratzerl« als Vorspeise und über Hauptspeisen wie ein Haidmühlner Forellenfilet oder Urkornrisotto, alles kreativ und bekömmlich, mit ausgewogenen Zutaten. Auch Klassiker wie Rostbraten stehen auf der Karte und werden herrlich auf den Punkt zubereitet.

Für heimelige Atmosphäre sorgen neben gutem Essen die einzigartigen Hafnermöbel aus der familieneigenen Schreinerei. Und man spürt gleich: Mit Ausstellungen und Konzerten ist der Hafnerwirt seit jeher ein künstlerfreundliches Haus. Mit einem Blick in den Bayerwald gesegnet, kann die Wirtsfamilie ihren Gästen eine Panoramaterrasse bieten, die einen im Sommer vor die schwere Wahl stellt zwischen gemütlicher Wirtsstube oder traumhafte Aussicht.

Auch in Passau kann man Hafnermöbel besichtigen, nämlich in der schreinereieigenen *Galerie für Form und Raum* in der Michaeligasse Nummer 7. Um die legendäre Wirtshaustradition zu erleben, sollte man sich aber unbedingt auf den Weg in den Bayerwald machen.

Zu empfehlen im Ort ist das Geschäft *Perlesreuter Landmarkt* mit direkt vermarkteter Naturkost und Biobackwaren.

57

Gasthaus-Pension Schrottenbaummühle
(Gasthaus: Ende März–Ende Oktober)
Schrottenbaummühle 1
94142 Fürsteneck
08504 1739
www.schrottenbaum-muehle.de

CAMPING AUF DER INSEL

Gasthaus-Pension Schrottenbaummühle

Kein Wunder, dass alle von der Schrottenbaummühle schwärmen, denn das Gasthaus mit Pension zwischen Passau und Nationalpark liegt in einem wahren Naturparadies. Die Ilz entspringt im bayerisch-böhmischen Grenzraum zwischen den Bergen Rachel und Lusen. Das große Wildwasser bahnt sich seinen Weg durch die urwüchsige Mittelgebirgslandschaft des Bayerischen Waldes. Es versteht sich, dass einige Menschen an diesem Ort ein bisschen länger bleiben und den Zauber der Ilz genießen wollen.

Im Sommer ist für Campingfreunde die zur Schrottenbaummühle gehörende Zeltwiese mit dem vielversprechenden Namen *Insel* direkt am Fluss ideal. Der idyllisch gelegene Platz ist sowohl bei Reisenden mit Wohnmobil, Caravan als auch zeltenden Radfahrern beliebt, die Ruhe und Lagerfeuerromantik suchen. Mitten im Naturschutzgebiet *Obere Ilz* wird darauf geachtet, dass weder laute Partys noch Junggesellenabschiede gefeiert werden. Für Kinder gibt es einen schönen Waldspielplatz in der Nähe.

Wer nicht selbst grillen will, lässt sich einfach im malerischen Gasthaus nieder und mietet sich in der gemütlichen Pension ein. Die Wirtshausküche empfiehlt fangfrische Forellen, eine reiche Auswahl an bayerischen Brotzeiten mit Presssack und Schwarzgeräuchertem oder zum Nachmittagskaffee Kuchen und Topfenstrudel sowie Eisbecher. Insgesamt ist die Schrottenbaummühle ein perfektes Ausflugsziel für die ganze Familie. Nahe den Wanderwegen gelegen, bietet sie sich auch als Zwischenstopp auf längeren Touren an.

Die Geschichte des Gebäudes reicht weit ins 15. Jahrhundert zurück. Oberhalb der Ilz wurde schon sehr früh Getreide wie Roggen, Hafer, Gerste, Hirse und Buchweizen angebaut. Und so kann man sich bei einem Spaziergang in die Zeit zurückversetzen, als auf der Ilzbrücke nahe der Mühle der Handel florierte.

Ein Rundwanderweg mit Einstieg an der Schrottenbaummühle ist sogar kinderwagentauglich.

58

Dreiburgensee Tittling
Parken: Seestraße 20
oder Am Dreiburgensee
(Museumsdorf)
94104 Tittling
www.tittling.de

Wackelstein bei Entschenreuth
Zugang über Straße:
Zum Wackelstein
94163 Saldenburg

AKTIV AM WALDGEWÄSSER

Dreiburgensee

Gleich nach drei Burgen ist der idyllisch gelegene See bei Tittling benannt: nach der Saldenburg, der Englburg und Schloss Fürstenstein. Erstmals 1703 erwähnt, diente das Gewässer ursprünglich Max Josef Graf von Tauffkirchen zu Guttenburg, dem Besitzer der Englburg, als Fischzuchtteich.

Heute lockt der Rothauer See, wie der Dreiburgensee auch genannt wird, im Sommer mit allerlei Annehmlichkeiten Gäste zum Baden im Wasser und Sonnenschein. Er eignet sich auch ideal für einen Ausflug mit Kindern. Die Liegewiesen mit den Spielplätzen ziehen Familien an, ein Bootsverleih und sogar zwei Hotels runden das Angebot ab. Doch auch im Winter ist das Gewässer ein beliebtes Ausflugsziel, wenn man auf der gefrorenen Fläche Schlittschuhlaufen oder Eisstockschießen kann.

Bei einer Rundwanderung um den 700 Meter langen und acht Hektar großen See kann man zwischen einem kürzeren, etwa 30-minütigen Spaziergang und einer etwas längeren Strecke über 4,5 Kilometer wählen. Am Ufer laden zahlreiche Sitzmöglichkeiten zu einer Verschnaufpause ein. Mit etwas Glück lassen sich Fische beobachten, die aus dem Wasser hüpfen. Zum Teil säumen Schilfgürtel und sumpfige Flächen den idyllischen Waldsee. Das Werk der Biber zeigt sich vielerorts, ob durch Biberburgen, Biberdämme oder angenagte Baumstämme. Wenn man sich leise verhält, kann man ebenfalls kleine Schlangen am Wegesrand erblicken.

Entlang des Wassers passiert man einen Barfußpfad, der aus einem Kiesweg und einem kleinen Bach besteht. Von Mai bis Mitte Oktober kann auch geangelt werden, Tageskarten sind bei der Touristeninformation im Tittlinger Rathaus erhältlich. Einkehrmöglichkeiten bieten zum Beispiel der Biergarten des *Seehofs* oder das angrenzende Museumsdorf, wo zudem Parkplätze zur Verfügung stehen.

Die eineinhalbstündige Wanderung zum Wackelstein bei Entschenreuth auf dem Gemeindegebiet Saldenburg ist abenteuerlich. Der 50 Tonnen schwere Fels kann von einem Menschen zum Schaukeln gebracht werden.

59

Museumsdorf Bayerischer Wald
(April–Oktober)
Am Dreiburgensee
94104 Tittling
08504 8482
www.museumsdorf.com

Erleben wie es früher war

Museumsdorf Bayerischer Wald

Begonnen hat Georg Höltl aus Tittling einst als regionaler Omnibusunternehmer. Mit seiner Erfindung der Schlafanhänger kamen Touristen in den Genuss, mit seinem Betrieb die ganze Welt bereisen zu können. Trotz dieser internationalen Aktivitäten war dem 2016 verstorbenen Höltl die Historie seiner Heimat stets ein Hauptanliegen. Davon zeugt das von ihm initiierte *Museumsdorf Bayerischer Wald* bei Tittling, direkt neben dem ebenfalls von ihm erbauten Hotel *Dreiburgensee*, knapp 30 Kilometer nördlich von Passau.

Auf einer Fläche von 25 Hektar zählt die Anlage zu den größten Freilichtmuseen in Europa. Beeindruckender noch als das Ausmaß des Areals sind die aus dem ganzen Bayerischen Wald stammenden Gebäude aus der Zeit von 1580 bis 1850, Exponate, volkskundlichen und kirchlichen Gegenstände. Bei der Zusammenstellung wurde stets auf Originalität geachtet und die Häuser an ihren ursprünglichen Standorten sorgsam abgetragen, bevor sie im Freilichtmuseum Tittling akribisch wieder errichtet wurden.

Besucher früher Jahrgänge fühlen sich oft in die Kindheit versetzt, wenn sie in der ältesten Schule des Landes Platz nehmen oder durch die Kleidungsstücke, Möbel und landwirtschaftlichen Geräte an ihre Vorfahren erinnert werden. Für Jüngere ist die Kargheit der damaligen Lebensweise hingegen fast unvorstellbar. Manchmal ungläubig betrachten sie die historischen, immer noch funktionsfähigen Werkstätten und Mühlen.

Auch kann man Handwerkern beim Töpfern, Bemalen von Hinterglas, Wollspinnen, dem Bedrucken von Stoffen oder beim Krapfenbacken über die Schulter schauen. Die Authentizität und Konzeption des Museums mit seinen über 60.000 Objekten verlockt zu einer mehrstündigen Besichtigung, bei der man die Details der volkskundlichen und sakralen Sammlungen, Hausratsgegenstände, Glasarbeiten und Schmuck auf sich wirken lassen kann.

Direkt gegenüber dem Museumsdorf liegt das Hotel *Dreiburgensee* mit dem gemütlichen Biergarten *Seeperle*. Dort sitzt man schön mit Blick aufs Wasser.

Sie schlängelt sich durch die hügelige Landschaft des Bayerischen Waldes und ist nach einem seiner Flüsse benannt: die Ilztalbahn

Sonderfahrt
VT 28

60

Pfarrkirche Mariä Himmelfahrt
Burgstraße
94538 Fürstenstein
www.fuerstenstein.de

HOCH DROBEN AUF DEM FELSRÜCKEN

Wallfahrtskirche Mariä Himmelfahrt

Wo die Berge des Bayerischen Waldes zur Donau hin zu sanften Hügeln auslaufen, erkennt man Fürstenstein mit seinem imposanten Schloss schon von Weitem. Den im nördlichen Landkreis Passau gelegenen Ort, etwa 25 Kilometer von der Dreiflüssestadt entfernt, erkundet man am besten zu Fuß. Er ist von kleinen romantischen Straßen, Gassen und Treppenaufstiegen durchzogen. Die Häuser schmiegen sich dicht an dicht, und man erhält rasch den Eindruck, alle Wege führten nach oben. Dort, auf einem 578 Meter hohen Felsrücken thront die Festung Fürstenstein und die Wallfahrtskirche Mariä Himmelfahrt.

Da das Schloss sich heute in Privatbesitz befindet, können die mittelalterlichen Mauern nur von außen begutachtet werden. Das Gotteshaus hingegen ist einen Besuch wert. Entsprechend dem Originalgrundriss der Gnadenkapelle in Altötting wurde es 1629 errichtet. Mit dem Bau wollte der Schlossherr den Pilgern während des Dreißigjährigen Krieges den langen gefährlichen Weg nach Altötting im Süden ersparen. Die Kirche enthält die älteste und originalgetreueste Nachbildung der Schwarzen Madonna von Altötting. Der Erfolg als Ersatzwallfahrtsort war anscheinend derart groß, dass sogar Pilger aus dem benachbarten Böhmen kamen.

Nach der Besichtigung laden Fürstenstein und seine Umgebung mit einem gut markierten Weg- und Radstreckennetz zu einem Ausflug ins Grüne ein. Dabei fallen die vielen ungewöhnlichen Felsformationen auf. Eine etwa sieben Kilometer lange Wanderrunde führt vom Schloss über den Perusaweg, weiter über den Bergfriedhof und nach Überquerung der Staatsstraße 2127 bis zur Kollnbergmühle und der Englburg in Tittling. Über den Hohen Stein erreicht man wieder die Residenz Fürstenstein.

Unternehmen Sie abschließend einen Abstecher in den Ortsteil Nammering zu einer bedeutenden Gedenkstätte: Sie erinnert auf dem ehemaligen Bahngelände an einen Gefangenentransport im Jahr 1945 zum Konzentrationslager in Dachau.

Die idyllische Kollnbergmühle mit uraltem Mühlweiher und noch funktionstüchtigem Wasserrad müssen Sie sehen!

61

Eginger See
Rohrbach 8 1/2
94535 Eging am See
08544 96120
www.eging.de

Sonnen-Therme
Mühlbergstraße 5
94535 Eging am See
08544 8778
www.sonnen-therme.de

WASSER FÜR ALLE SINNE

Eginger See und Sonnen-Therme

In Eging lässt sich bei jedem Wetter baden. Denn während bei Sommerwetter der große See lockt, kann man sich bei Regen jederzeit in der angrenzenden *Sonnen-Therme* aufhalten. Bevor man sich ins nasse Vergnügen stürzt, lädt ein Themenwanderweg rundum dazu ein, die Sinne für die Natur zu schärfen.

Die vier Kilometer lange Strecke verrät an 20 unterschiedlichen Stationen Wissenswertes und Faszinierendes über den Forst und Granit im Bayerischen Wald. Im bunten und artenreichen Mischwald lassen sich viele Fakten über den Baumbestand erfahren. Auch Verspieltes und Besinnliches tragen zum Verständnis bei, unter anderem ein Baumtelefon, Wurzelwelten, ein Garten der Sinne und ein Liegepavillon. Durch diese nahbare Informationsvermittlung eignet sich der Themenwanderweg ebenfalls für Kinder.

Am Eginger See, auch Rohrbachstausee genannt, können sich die Kleinen auf einer Wellenwasserrutsche, einem Spielplatz sowie in einem Plansch- und Erlebnisbecken auf drei Ebenen vergnügen. Ein Verleih für Tretboote und Stand-Up-Paddling garantiert Spaß auf dem Wasser. Zudem überzeugt das Naherholungsgebiet mit einem Sandstrand, einem Badesteg, einer Schwimminsel und einem Restaurant.

Entscheidet man sich für den Besuch der *Sonnen-Therme*, darf man sich auf eine abwechslungsreiche Badelandschaft freuen. Im Granitfelsen- oder Kneippbecken, am Massagebrunnen, in der Dampfgrotte oder dem Sole- und Außenbecken lässt sich hervorragend an der Fitness arbeiten. Für Wellness und Entspannung sorgen eine Finnische Sauna, ein Sanarium und eine Duftgrotte. Bestens ausruhen kann man sich hinterher in den lichtdurchfluteten Liegebereichen. Reizvoll ist es, wenn man im Winter den verschneiten Wald vom Innenbecken aus durch die großen Fenster der Therme betrachten kann.

Im Wirtshaus *Seeufer* hat man von der Terrasse und im Biergarten den See im Blick.

62

Westernstadt Pullman City
Ruberting 30
94535 Eging am See
08544 97490
www.pullmancity.de

WILDER WESTEN IM BAYERISCHEN WALD

Westernstadt *Pullman City*

Winnetou und Trapper, Indianer oder Cowboy: Wer Lust auf authentisches Westernleben hat, wird sich in *Pullman City* in Eging am See wohlfühlen. Der Erlebnispark liegt 25 Kilometer nordwestlich von Passau, nur einen Katzensprung von der A3 entfernt.

Das ganze Jahr über bieten die »Sheriffs« ein abwechslungsreiches Programm für Jung und Alt. Ab Mitte November lockt an den Wochenenden der Deutsch-Amerikanische Weihnachtsmarkt. Freunde live gespielter Country-Musik kommen ebenso auf ihre Kosten wie Fans von Rock'n'Roll. Nach dem Weihnachtsmarkt geht es mit dem *Wild West Winter* an den Wochenenden bis Mitte Februar weiter. Kinder haben ihren Spaß im *Kids Club*, auf dem Wasserspielplatz oder im abenteuerlichen *Adventure Trail*. Das Herz der Motorenliebhaber erfreut sich am wummernden Sound von amerikanischen Bikes und Oldtimern. Wildwest-Feeling entsteht beim Bogenschießen, Goldwaschen, Ponyreiten und natürlich am Lagerfeuer. Täglich werden mehrere Shows auf die Beine gestellt: Zauberer, Messerwerfer und Lassokünstler verblüffen mit waghalsigen Tricks. Das Highlight ist jeden Nachmittag die große *American History Show* mit verwegenen Cowboys, mutigen Indianern, nostalgischen Kutschen und freilaufenden Bisons.

Wer selbst aktiv werden will, nimmt teil an den Kursen für Line-Dance oder Boogie-Woogie. Übernachten können Besucher im *Palace Hotel* inmitten der *Main Street* oder im mexikanischen Hotel *La Hacienda*. Wild-romantisches Flair erlebt man in den Ferienhäusern, rustikalen Blockhütten oder Tipi-Zelten mit Lagerfeuerstätten. Wenn man nachts durch die *Main Street* schlendert, sich unten im Tal in der urigen *Hudson Bay Taverne* noch einen Absacker genehmigt und sich dann in seinen Wigwam kuschelt, verschmelzen Illusion und Realität nahezu miteinander. Mehr Western gibt es nur überm großen Teich.

Im *Authentikbereich* zeigen die »Hobbyisten«, wie man 1740 und 1880 lebte und arbeitete. Vor allem am Wochenende lohnt ein Rundgang.

63

BierUnterwelten
Stadtplatz 38
94474 Vilshofen
an der Donau
08541 208112
www.vilshofen.de

Wolferstetter Keller
Bürg 21
94474 Vilshofen
an der Donau
08541 9674880

GEHEIMNISSE UNTER DER STADT

Dokumentation *BierUnterwelten*

Ein unterirdisches Gangsystem unter der Stadt? Was nach Filmkulisse klingt, lässt sich in Vilshofen an der Donau tatsächlich besichtigen. Zugleich kann man auf eine spannende Reise in die Vergangenheit der Stadt gehen.

Etwa sechs Meter unter der Erdoberfläche wurde im Mittelalter ein 90 Meter langer Gang in Gneisgestein geschlagen, der einst von einem Bierkeller zum nächsten führte. Nachdem er lange Zeit in Vergessenheit geraten war, gelangt man seit 2017 über den unterirdischen Weg in einen hellen Ausstellungsraum. In dem ehemaligen Gär- und Lagerkeller einer Brauerei wird die seit 700 Jahren belegte Bierkulturgeschichte Vilshofens dokumentiert. Das Gewölbe bietet eine beeindruckende Kulisse für die musealen Stücke. Zum Teil beheimaten die *BierUnterwelten* außergewöhnliche Exponate der Landesausstellung *Bier in Bayern* aus dem Jahr 2016.

Auch die Wirtshauskultur in all ihren Facetten und allgemeine Informationen rund um das Lieblingsgetränk der Bayern von den Rohstoffen bis zur Vermarktung vermittelt die Ausstellung. Gäste erfahren zudem von Joseph Groll aus Vilshofen an der Donau, seines Zeichens der Erfinder des Pils. 1842 ging der Braumeister in die böhmische Stadt, wo er im dortigen neuen Bürgerlichen Brauhaus zum ersten Mal die mittlerweile populäre Biersorte herstellte.

Eine weitere Abteilung der *BierUnterwelten* widmet sich der über 800-jährigen Stadtgeschichte. Überirdisch wird zudem ein Spaziergang auf den Spuren des Pilserfinders angeboten: Zu insgesamt acht Stationen wird man durch die Altstadt geführt, unter anderem zu Grolls Geburts- und Sterbehaus sowie zu seinem ersten eigenen Heim in der Vilsvorstadt und zur Grollkapelle.

Zünftig bayerisch einkehren lässt es sich im Traditionslokal *Wolferstetter Keller*.

64

Wanderungen rund um Windorf
Startpunkt zur Donauinsel/an die Donau:
Uferstraße
94575 Windorf
08541 962640 (Touristinfo)
www.markt-windorf-cms.de

Restaurant Feilmeiers Landleben
Schwarzhöring 14
94575 Windorf
08541 8293
www.feilmeiers-landleben.de

STREIFZÜGE DURCH DIE NATUR

Wanderwege rund um die Donaugemeinde

Dank eines ausgedehnten Wegnetzes ist Windorf an der Donau idealer Ausgangspunkt für mehrere Wanderungen in malerischer Natur. Eine führt zur größten Donauinsel zwischen Ulm und Wien, die sich auf Höhe des Marktes am nördlichen Flussufer befindet, drei Kilometer stromabwärts von Vilshofen. Das Landschaftsschutzgebiet lässt sich auf zwei beschilderten Rundwegen erkunden, bei denen man vielfältige Eindrücke des Naturparadieses erhält. Besonders Fischer schätzen diesen Donauabschnitt, in dem Aale, Zander und Huchen anbeißen.

Am Rathaus von Windorf startet wiederum der Sieben-Brückerl-Weg. Für die zwölf Kilometer lange Tour und 305 Höhenmeter benötigt man je nach Tempo drei Stunden. Zunächst folgt man der Radstrecke Richtung Vilshofen, bei Hacklsdorf biegt man rechts ab und geht leicht bergauf bis zur Staatsstraße. Diese wird überquert, und der Weg führt links in den Wald hinauf nach Hirnschnell. Dort wendet man sich nach rechts zur Sieben-Brückerl-Kapelle und wechselt über sieben Stege die Seite des Wimbergers Bachs. Über Frauendorf oder Wimberg gelangt man wieder nach Windorf.

Wer nur einen kurzen Spaziergang von der Ortsmitte aus machen möchte, biegt von der Vilshofener Straße in die Richtung Frauenberg ab und geht durch ein Wohngebiet etwa 400 Meter bergauf, bis sich auf der linken Seite eine Kapelle zeigt. Dort bietet sich ein bezaubernder Ausblick auf die größte Stadt des Landkreises Passau, Vilshofen an der Donau, mit der alles überragenden Benediktinerabtei Schweiklberg. Das Kloster thront wie eine mittelalterliche Kirchenburg über der Gemeinde.

Auch die Uferpromenade von Windorf direkt am Donauradweg lädt zu einer gemütlichen Tour ein, während der man auf einer der zahlreichen Bänke die Aussicht auf die Donauinsel genießt.

Besonders fein essen kann man im Restaurant *Feilmeiers Landleben* in Schwarzhöring.

65

Kirchenwirt Zacher
Dorfstraße 3
94113 Kirchberg
vorm Wald
08546 414
www.kirchenwirt-zacher.de

PARADIES FÜR KINDER – UND ELTERN

Gasthaus *Kirchenwirt Zacher*

Entspanntes Essengehen mit kleinen Kindern? Das nicht buchstäblich »Essen« und »Gehen« bedeutet, sondern Essen im Sitzen, und das in aller Ruhe? Das geht beim *Kirchenwirt Zacher* in Kirchberg vorm Wald, denn dort hat der Nachwuchs so viel zum Staunen, Spielen, Ausprobieren und Beobachten, dass die Eltern ungestört schlemmen können. Und irgendwann sind auch die Kleinen garantiert hungrig und drängen von selbst an den Tisch.

Das Gasthaus mit Kinderparadies, etwa 20 Minuten von Passau entfernt, bietet sich als Ausflugsziel für Familien perfekt an. Und wo sich der Nachwuchs wohlfühlt, haben auch die Erwachsenen bekanntlich eine erholsame Zeit. Neben dem Biergarten liegt ein gut einsehbarer Spielplatz mit Spielhaus, Rutsche, Traktor, Klettergerüst und vielen Fahrzeugen. Dazu gehört ein Streichelzoo mit Zwergziegen, Miniponys und Hasen. Morgens und abends dürfen die Kleinen bei schönem Wetter sogar mithelfen, die Tiere auf die Koppel zu bringen. Nur zwei Gehminuten vom Haupthaus entfernt führt das Gasthaus sogar einen Bauernhof eigens für Kinder. Mit verschiedenen Gehegen für Hühner, Esel und Schafe, einem Enten- und Fischweiher, einer urigen Hütte, Sandkasten, Kletterbaum und zahlreichen Spielgeräten.

Und nun wieder zum Wohlergehen der Eltern: Der Wirt Franz Zacher ist Metzgermeister und stellt noch selbst sämtliche Wurst- und Fleischwaren für den Laden und das Wirtshaus her. Das Schlachtvieh stammt überwiegend von Bauern aus der Nachbarschaft. Auf der Karte stehen regionale Schmankerl wie der *Zacher Grillteller* oder Herrensteaks. Bei allen Attraktionen für die Kleinen darf man nicht den herrlichen Standort des Gasthauses und der Pension übersehen, die gegenüber einer malerischen Kirche liegen. Die Aussicht von hier reicht weit hinein in den Bayerischen Wald bis zum Dreiländereck.

Mitbringsel aus dem Metzgerladen werden auf Wunsch auch vakuumverpackt. Rund um das Wirtshaus lädt ein *Panoramawegerl* zum Spazierengehen ein.

66

ThomasBräu
Hofmarkstraße 7
94113 Tiefenbach
0176 55598690

Landgasthof Zum Müller
Passauer Straße 16
94161 Ruderting
08509 1224
www.landgasthofzum-mueller.de

MANCHMAL IST WENIGER MEHR

Brauerei *ThomasBräu*

Wie wäre es mit einem *Bavarian Porter*, obergärig, mit Noten von Schokolade, Orangen, einem leichten Anflug von Rauch? Oder mit einem Altbairischen Landbier, hopfengestopft und mit einem fruchtigen Geschmack nach Beeren, Mango, Zitrone? Aber der Reihe nach. In der alten traditionsreichen Schlossbrauerei in Haselbach, einer kleinen Ortschaft in der Gemeinde Tiefenbach bei Passau, wird wieder Bier produziert, lautete zunächst die gute Botschaft. Dass seine Kreationen darüber hinaus äußerst gut ankommen, freut den Initiator Thomas Stockbauer-Muhr.

Der gebürtige Passauer hat sich 2012 als Brauer selbstständig gemacht und dem eigenen Betrieb seinen Namen gegeben, nachdem er zehn Jahre als Verkaufsleiter in der lokalen Löwenbrauerei gearbeitet hat. Mittlerweile ist das Haselbacher Bier derart beliebt, dass Stockbauer-Muhr mit der Produktion kaum hinterherkommt: Bio-Urstoff-Helles, Weißbier und je nach Saison wohlklingende Tropfen wie *Whiskey-Porter*, eine drei Monate im Whiskeyfass gelagerte Sorte, oder *Dunkler Weizenbock*, würzig und stark, zum »Ablegen« an den Feiertagen, oder *Bio-Kellerpils* mit Hopfenaroma, ein Muss für den Craft-Beer-Fan, findet der Chef des Hauses.

Thomas Stockbauer-Muhr stammt aus einer Brauereifamilie und hat über einige berufliche Umwege zum Traditionshandwerk zurückgefunden. Ein Glück für viele Bierliebhaber, die direkt bei ihm im Betrieb in Haselbach einkaufen oder in ausgewählten Einzelhandelsgeschäften. Regionale Marken sind beliebter denn je, und auch die Gaststätten fragen immer mehr danach. Immer wenn ihn seine Kunden dankbar anstrahlen und seine Produkte loben, strahlt Stockbauer-Muhr und erwidert: »Ja, mein Bier ist eben unfiltriert, ungeschönt und völlig naturbelassen.« Manchmal ist weniger mehr.

Auf Nachfrage sind Führungen durch die Brauerei möglich. Danach auf eine Mahlzeit in den Landgasthof *Zum Müller* in Ruderting.

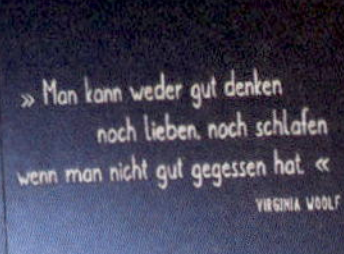

67

Gläserne Backstube der
Bio-Bäckerei Wagner
Am Zugsberg 1
94113 Tiefenbach
08509 91170
www.wagner.bio

NACHHALTIG UND TRANSPARENT

Gläserne Backstube

Transparenter geht's nicht: In der Gläsernen Backstube der Bio-Bäckerei Wagner kann man bei Kaffee und Brotzeit zuschauen, wie die Produkte in ihren einzelnen Arbeitsschritten hergestellt werden. Wo wird der Teig geknetet und wo die Kuchen verziert? Wie werden Semmeln geformt und Streuseln gedreht? In Tiefenbach kann man hautnah handwerkliche Backtradition erleben.

Wer eintritt, dem strömt warmer Ofenduft entgegen, der einer herzlichen Einladung gleichkommt. Mit Feingefühl und bis ins letzte Detail durchkomponiert, ist die Gläserne Backstube auf dem Zugsberg ein absoluter Lieblingsplatz – nur etwa zehn Minuten von Passau entfernt. Die Wahl der Materialen und Farben im Gebäude fügt sich innen wie außen harmonisch, ja, geradezu organisch in die Landschaft ein und spiegelt die vier Elemente wider. In dem hochmodernen und zugleich ökologisch orientierten Komplex mit Terrasse und Spielplatz hat der Rudertinger Familienbetrieb auf Tiefenbacher Gemeindeboden seine gesamte Produktion untergebracht. Im neuen zweigeschossigen Bau kann man es sich im geräumigen oberen Stockwerk bei bester Aussicht ins Grüne gut gehen lassen. Oder man nimmt auf den gemütlichen Sitzgelegenheiten im Erdgeschoss und auf der Außenterrasse mit Brotzeit, Dinkelpizza oder Eis Platz.

Der Traditionsbetrieb, der seit 2007 bio-zertifiziert ist, setzt seit Längerem Maßstäbe in der Region, nicht nur Backwaren betreffend. Den Wagners liegt Nachhaltigkeit und Ehrlichkeit in der Produktion am Herzen. Das bedeutet vor allem den Einsatz regionaler und fair bezogener Zutaten. Und wer die Wagner'schen Köstlichkeiten einmal probiert hat, schmeckt den Unterschied. Der Ausflug zum Bäcker wird dadurch zum ganzheitlichen Erlebnis!

In der Gläsernen Backstube wird auch regional gebrautes Bio-Bier kredenzt. Das Haselbacher *ThomasBräu* kommt aus dem Nachbarort. In einem der Wagner-Brote steckt ebenfalls Dunkelbier aus der Haselbacher Brauerei.

68

Gut Lichtenau
Lichtenau 1
94051 Hauzenberg
08586 1213
www.gut-lichtenau.de

FERIEN AUF DEM BERG

Gut Lichtenau

Um zum Gut Lichtenau aus Eigenantrieb zu gelangen, muss man entweder wandernd schwitzen oder kräftig in die Pedale treten. Wer eine gemütlichere Anreise bevorzugt, sollte das Auto nehmen. Etwa 20 Kilometer nordöstlich von Passau entfernt, zwischen den beiden Hauptorten Hauzenberg und Waldkirchen, liegt der idyllische Berggasthof mit seinem landwirtschaftlichen Gut und den angrenzenden Ferienwohnungen auf 723 Höhenmetern.

Alle Gebäude sind im regionalen Landhausstil in Holz- und Granitbauweise errichtet. Die mit Holz aus dem eigenen Wald ausgestatteten Zimmer im Gasthaus und eigenständigen Apartments eignen sich sowohl für einen kurzen Aufenthalt als auch für mehrere Urlaubstage. Das Anwesen als Ort der Sommerfrische zu bezeichnen, würde dem vielfältigen Angebot jedoch nicht gerecht werden. Im Winter reizt die erhabene Lage mit einem einmaligen Panorama. Am Horizont erkennt man die schneebedeckten Berge des Bayerischen Waldes und der Salzburger Alpen. Ob jung oder alt, ob allein oder als Familie mit Kindern – für jeden besteht im gesamten Jahresverlauf eine breite Palette an Freizeitmöglichkeiten.

Fernab von Durchgangsverkehr schöpft man Ruhe und Erholung in der Natur bei ausgedehnten Wanderungen oder Touren mit dem Mountainbike. Im Winter kann man sich auf dem Schlitten oder gut gepflegten Langlaufloipen versuchen. Zu jeder Jahreszeit locken in den gemütlich-rustikalen Gasträumen bayerische Schmankerl. Der große Biergarten ist im Sommer eine beliebte Adresse. Auf dem Weg dorthin lassen sich die liebevoll angelegten Blumenbeete und Gewürz- und Gemüsegärten bewundern. Für die Kinder sind die vielen Spielmöglichkeiten auf den Wiesen ringsherum und die vierbeinigen Bewohner des Guts ein besonderer Lichtblick.

Am Gut Lichtenau starten zwei Panoramarundwege. Sie führen an Steinbrüchen und einer malerischen Waldkapelle vorbei.

69

Naturhotel und Restaurant Gidibauer Hof
Grub 7
94051 Hauzenberg
08586 96440
www.gidibauer.de

Skilift Geiersberg
Geiersberg 10
94051 Hauzenberg
08586 3335
www.geier.idoodler.de

EDEL ESSEN IM OCHSENSTALL

Naturhotel und Restaurant Gidibauer Hof

Inmitten von Wiesen und Wäldern, nur 20 Minuten von Passau entfernt, steht in herrlicher Hanglage am Ortsrand von Hauzenberg das Naturhotel und Restaurant Gidibauer Hof. Auf der angrenzenden Weide grasen Rinder. Das Anwesen der Familie Ertl vermittelt ein Idyll. Mit viel Respekt vor der historischen Substanz ist der seit 1780 landwirtschaftlich genutzte Vierseithof saniert und zur Gästebewirtung umgebaut worden. Eine vielfach ausgezeichnete Küche trifft auf außergewöhnliche Architektur.

Dass man heute in Kuh- und Ochsenstall edel essen kann und das gesamte Arrangement dennoch bodenständig wirkt, liegt zum einen am feinen Gespür für die traditionellen Speisen. Zum anderen bezeugen die historischen Gemäuer, dass sich die Familie Ertl bei den Renovierungsarbeiten hat exzellent beraten lassen. Ob man im romantischen Innenhof sitzt oder in einem der Gastzimmer, überall verschmilzt der hohe gastronomische Anspruch mit der angenehm heimeligen Atmosphäre. Darum verlängern manche Gäste ihren Aufenthalt und beziehen eines der 19 Zimmer des Naturhotels.

Gerade für Ruhesuchende ist der Gidibauer perfekt. Für das Wohlbefinden sorgen geschreinerte Möbel aus Kirschbaumholz, Fußböden aus Eichendielen. Die gemütlichen Räume verfügen entweder über einen Balkon beziehungsweise eine Terrasse mit Fernblick oder sind zum geschützten Innenhof ausgerichtet. Zu jeder Jahreszeit bieten sich in direkter Umgebung des denkmalgeschützten Anwesens Möglichkeiten zum Spazieren oder Wandern, während Kinder die vielseitige Natur erkunden können.

Woher stammt eigentlich der Name Gidibauer? Von Anfang an in Familienbesitz, wurde der Hof nach einem Ahnen Ägidius benannt, der offenbar großen Eindruck hinterlassen hatte – wie der Betrieb es heutzutage bei seinen Gästen tut.

Nach nur fünf Kilometer erreicht man den Skilift am Geiersberg, der für Kinder ideal ist. Auch Loipen sind in der Nähe gespurt.

70

Besucherbergwerk
Graphit Kropfmühl
mit Museum Graphiteum
Langheinrichstraße 1
94051 Hauzenberg
08586 609147
www.graphit-bbw.de

ABENTEUER UNTER TAGE

Besucherbergwerk Graphit in Kropfmühl

Im einzigen Graphitbergwerk Deutschlands lässt sich hautnah die spannende Welt unter Tage erleben. In Kropfmühl bei Hauzenberg wird schon seit 1910 das Mineral abgebaut. Das Besucherbergwerk und das *Graphiteum* sind ein wetterunabhängiges Ausflugsziel und ein Erlebnis für die ganze Familie.

Der einzigartige »Zukunftstollen« ermöglicht mit modernen Medieninstallationen in kürzester Zeit eine Reise in die Zukunft des Spitzenmaterials Graphit. Viele denken erst einmal an Bleistiftminen. Aber das ist längst nicht alles. Das grauschwarze Mineral ist nämlich ein Universaltalent: Seine Hitzebeständigkeit, Widerstandsfähigkeit gegen Säuren und Laugen sowie die vielseitige Verwendung machen es zum begehrten Produkt in vielen Industriezweigen. In der Auto- und Elektrobranche ist der Rohstoff als Schmiermittel oder Bestandteil von Kupplungen und Elektromotoren ebenso unentbehrlich wie im Bauwesen zur Wärmedämmung.

Über alle Einsatzmöglichkeiten von Graphit kann man sich in dem seit 1983 bestehenden Besucherbergwerk in Kropfmühl informieren. Es wurde mehrfach renoviert und erstrahlt auch unter Tage im neuen Glanz. Hinunter in die Mine! Von April bis September kann man mit Helm und Kittel bekleidet unter Leitung eines erfahrenen Bergmanns einen 45 Meter tiefen Stollen besichtigen. In einer seitlichen Kaverne wird man mit der erdgeschichtlichen Entstehung vertraut gemacht.

Das höchst informative Museum *Graphiteum* veranschaulicht und vertieft in einer ständigen Ausstellung die unter der Erdoberfläche gewonnenen Erkenntnisse. Während des ganzen Jahres finden im Zechensaal oder in der Cafeteria des Bergwerks kulturelle Veranstaltungen statt, häufig umrahmt vom örtlichen Knappenchor, der die heilige Barbara, Schutzpatronin der Bergleute, in Ehren hält. »Glück auf!«

Wer genug unter Tage gesehen hat, wandert hinauf auf den nahe gelegenen Ruhmannsberg. Auf die 863 Meter hohe Erhebung führen einige Forst- und Wanderwege.

71

Freudensee Hauzenberg
Freudensee 21
94051 Hauzenberg
www.hauzenberg.de

Granitzentrum Bayerischer Wald
Passauer Straße 11
94051 Hauzenberg
08586 2266
https://granitzentrum.de

VERGNÜGEN IN DER NATUR

Freudensee

Hauzenberg ist die Stadt, in der »der Granit dahoam is«. An diesem Ort verzeichnet der Bayerische Wald eines der größten Granitvorkommen. Zwischen sanften Granitkuppen liegt die kleine Stadt mitsamt dem Freudensee in einem weiten Talkessel. Der sieben Hektar große Stausee mit seinen bewaldeten Ufern bietet zu jeder Jahreszeit vielfältige Erholungsmöglichkeiten. In die hügelige Forstlandschaft schmiegen sich viele verträumte Plätze mitten im Grünen.

Die Geschichte des Gewässers geht weit zurück ins 19. Jahrhundert, als es als Antriebsquelle für eine Hammerschmiede genutzt wurde. Heute ist der Freudensee ein guter Ausgangspunkt für Spaziergänge, Wanderungen und allerlei sportliche Aktivitäten wie Joggen, Nordic Walking oder Mountainbiken. Ein Ausflug zu den umliegenden Hauzenberger Erhebungen wie dem Staffel- oder Ruhmannsberg bietet ein einzigartiges Naturerlebnis. Höchster Punkt in der Umgebung ist der 950 Meter hohe Oberfrauenwald, auf dem ein Aussichtssturm einen malerischen Ausblick ermöglicht. Auf dem Gipfel verläuft die Landkreisgrenze zwischen Passau und Freyung-Grafenau. Für einen gemächlichen Spaziergang bietet sich zu jeder Jahreszeit die circa halbstündige Umrundung des Sees an. Zum Wasser führt ein gut begehbarer Weg durch einen idyllischen Mischwald, an Mündungen dreier Bäche entlang.

Im Sommer eignet sich der See optimal zum Schwimmen oder Paddeln. Vor allem an heißen Tagen versprechen zahlreiche Schattenplätze rund um das Gewässer Abkühlung. Ein großzügiger Spielplatz mit Kletterparcours grenzt direkt an eine schöne Liegewiese mit Badestrand an. Ob Auspowern auf dem Beachvolleyballplatz oder lieber in Ruhe am Kioskcafé ein Eis schlecken – für jeden Geschmack finden sich Freizeitmöglichkeiten.

Gut kombinieren lässt sich das Naturerlebnis mit einem Besuch im Granitzentrum Hauzenberg. Imposant, wenn an den Adventswochenenden im Ambiente eines alten Steinbruchs mit einem außergewöhnlichen Markt Granitweihnacht gefeiert wird.

72

Berggasthof Sonnenalm
Geiersberg 8
94051 Hauzenberg
08586 4794
www.sonnenalm-liebl.de

Hochficht Bergbahnen
Hauptstraße 2
A-4160 Aigen-Schlägl
www.hochficht.at

IN LUFTIGER HÖH'

Berggasthof Sonnenalm

Es gibt viele gute Gründe, den Geiersberg in der Nähe von Hauzenberg zu besuchen: im Winter der gerade für kleine Kinder gut geeignete Skiliftbetrieb und zu jeder anderen Jahreszeit die vielfältigen Wander- und Radwege mit traumhaften Aussichten. Und ein weiterer erfreulicher Anlass, den Geiersberg zu Fuß, auf zwei oder vier Rädern zu erklimmen, ist der Berggasthof Sonnenalm auf 830 Metern Höhe. Wer einmal oben angekommen ist, bleibt.

Das mit der Sonne ist kein Gerede, denn wenn in den Tälern manchmal die Nebelschwaden wabern, scheint oben auf der Alm, genau: die Sonne! Fast nirgendwo kommt man in den Genuss eines schöneren Bayerwaldpanoramas. Der Fernblick reicht bei guter Sicht bis zu den Salzburger Alpen mit Watzmann und Dachstein. Direkt am Haus führt der gut beschilderte Granit- oder Goldsteigwanderweg vorbei.

Mit viel Platz unter freiem Himmel wird im Sommer die Schweinshaxe mit Knödeln und bayerischer Gastfreundschaft in der Sonne auf der Terrasse serviert. Und die Haxe ist weitum gerühmt: innen saftig, außen knusprig. Ebenso schmecken Wanderteller, Suppen und Brotzeiten in luftiger Höh' besonders gut. Die Kräuter stammen aus dem eigenen Garten, und die Wirtsfamilie Liebl legt Wert auf Regionalität. Eingekauft wird beim Metzger und Bäcker im Ort oder direkt vom Bauernhof. Auf Kinder warten eigene Angebote, sowohl auf dem Teller als auch jenseits des Tisches.

Auf der Sonnenalm lassen sich mehrere Urlaubstage verbringen. Für bis zu 24 Personen stehen Übernachtungsmöglichkeiten zur Verfügung. Die Liebls haben sich dabei auf Wellness spezialisiert. So kann man im hauseigenen Kneippbecken nach einer langen Wanderung seine Füßen beleben oder sich in der Sauna erholen.

Nur 500 Meter weiter gibt es einen Skilift für Anfänger. In 20 Autominuten erreicht man das Dreiländerskigebiet Hochficht.

Auf 1.373 Metern bietet der Lusen als fünfthöchster Bayerwaldberg eine sagenhafte Aussicht und ein markantes Blockmeer am Gipfel

78

Webereimuseum Breitenberg
Gegenbachstraße 50
94139 Breitenberg
08584 96180
www.breitenberg.de

Nordisches Zentrum Jägerbild
Obernstein 10
94139 Breitenberg
08584 96180

G'SCHICHTEN VON TROADKASTEN

Webereimuseum Breitenberg

Die Leinenweberei war einmal ein wichtiges Gewerbe im Bayerischen Wald. Das Webereimuseum Breitenberg erinnert an die glänzenden Zeiten im 18. Jahrhundert, als der Stoff aus der Region in vielen Ländern Europas ein gefragter Importartikel war. Die Ausstellung wurde 1983 in einem alten bäuerlichen Anwesen in der Ortschaft Gegenbach eingerichtet und dokumentiert eindrücklich, wie sich die Menschen einst am Webstuhl verdingten.

Das Gelände besteht aus einem wunderschönen Ensemble an Baudenkmälern. Rund um das Leopoldenhaus, dem Museumshauptgebäude, stehen mehrere Getreidespeicher aus dem 18. Jahrhundert, sogenannte »Troadkasten«, die in der näheren Umgebung abgetragen und originalgetreu wieder auf dem Areal errichtet wurden. Das Hutsteiner-Häusl mit Kräutergarten, das 1777 erbaut wurde, gibt Einblick in das Leben und Wirtschaften der Hofbesitzer nach der Hofübergabe. Im Wauhäusl, das ursprünglich einmal ein Austragshaus war, befinden sich heute Ausstellungen zu Färberei und Blaudruck. An verschiedenen Webstühlen wird sogar noch gearbeitet.

Die Museumsführungen lassen die Vergangenheit lebendig werden. Sie vermitteln einen anschaulichen Eindruck von den Freuden und Sorgen des bäuerlichen Alltags und der Tätigkeit am Webstuhl. Die bemalten Bauernmöbel, alte Gerätschaften und Erzeugnisse aus der Weberei und Flachsverarbeitung machen es den Besuchern leicht, sich in diese Zeit zurückzuversetzen.

Für Kinder hält Gegenbach ebenfalls viele Möglichkeiten bereit. Gleich gegenüber dem Museumsgelände liegen ein idyllischer Badeweiher mit Sandstrand und ein großer Spielplatz mit kunstvoll gestalteten Geräten aus Holz.

Wenige Minuten entfernt liegt das Skigebiet *Nordische Zentrum Jägerbild*, das beliebter Trainings- und Austragungsort für Langlaufwettkämpfe ist. Sehenswert sind auch die Skisprungschanzen in Rastbüchl.

74

Museum »Stifter und der Wald«
Lackenhäuser 146
94089 Neureichenau
08583 9790033
www.neureichenau.de

Wanderung zum Dreisesselberg
Startpunkt: Wirtshaus Zum Rosenberger Gut
Lackenhäuser 147
94089 Neureichenau

MIT FEDERKIEL UND TINTE

Museum *Stifter und der Wald* in Lackenhäuser

Adalbert Stifter hatte ein inniges Verhältnis zum Bayerwald. Davon zeugen nicht nur Erzählungen wie *Aus dem baierischen Wald*, sondern auch das Stifter-Museum in Lackenhäuser, 40 Kilometer nordöstlich von Passau gelegen. Es ist auf demselben Anwesen beheimatet, auf dem sich der Schriftsteller aufhielt, wenn er die Region besuchte.

Besonders nach der Öffnung des Eisernen Vorhangs haben es sich viele Gemeinden im Dreiländereck zu Österreich und Tschechien zur Aufgabe gemacht, die Erinnerung an den gebürtigen Böhmen lebendig zu halten. Zu diesem Zweck wurde etwa der Adalbert-Stifter-Weg von Wegscheid zu seinem Geburtsort Oberplan in Tschechien angelegt.

2014 konzipierte die Gemeinde Neureichenau das einzige Museum über den österreichischen Autor in Deutschland. Die Ausstellung ist im Seitengebäude des Rosenbergers Gutes am Fuße des Bergkammes zwischen Dreisesselberg und Plöckenstein untergebracht. Vor über eineinhalb Jahrhunderten besuchte Stifter die Familie Rosenberger und kam immer wieder, um an diesem Ort zu malen und zu schreiben. Große Teile seines Werkes schildern die Schönheit, aber auch die winterlichen Widrigkeiten der Gegend. Wer seinen historischen Roman *Witiko* liest, kann spüren, wie sein Herz und seine Sinne von der Natur und Landschaft geprägt wurden.

Im barrierefreien und kostenfreien Erdgeschoss wird die Geschichte des Gutes dokumentiert und man erhält einen ersten Eindruck vom Leben Adalbert Stifters. Im Obergeschoss werden Erstausgaben, Malereien und Gegenstände des Künstlers präsentiert. Eine umfangreiche Bibliothek lädt zum Schmökern ein, Filme ergänzen die Ausstellung. Vor allem für Kinder ist die kleine Schreibwerkstätte bereichernd, in der sie sich mit Federkiel und Tinte vom Fass in der damals üblichen Kurrentschrift des Literaten versuchen können.

Vom Rosenberger Gut zum Dreiländereck auf den 1.300 Meter hohen Dreisesselberg wandern. Gutes Schuhwerk erforderlich.

75

Aussichtsturm Friedrichsberg
Parken: an der Dorfkirche
Thalberg 6
94110 Wegscheid

Bäckerei Anneliese Stemplinger
Kasberg 24
94110 Wegscheid
08592 1259

ÜBER DEN BAUMWIPFELN

Friedrichsberg mit Aussichtsturm bei Thalberg

Wenn im Herbst manchmal der Nebel in den Flusstälern von Donau, Inn und Ilz wabert, reizt es, in den Bayerischen Wald und zur höchsten Erhebung im Landkreis Passau zu fahren. Der Friedrichsberg auf 930 Metern, der im Volksmund »Veichthiasl« genannt wird, ist ein kegelförmiger Berg nahe der oberösterreichischen Grenze und liegt in idyllischer Waldeinsamkeit.

Ausgangspunkt der Wanderung zur Anhöhe ist die Ortschaft Thalberg, die zwischen Wegscheid und Breitenberg liegt. An der sehenswerten neuromanischen Kirche stehen genügend Parkmöglichkeiten zur Verfügung. Der Gipfel ist auf verschiedenen ausgeschilderten und meist schattigen Wegen zu erreichen. Gut zu Fuß sollte man schon sein, vor allem, wenn zum Abschluss der stählerne Aussichtsturm erklommen werden soll.

Mit jeder Stufe lässt sich das grandiose Rundumpanorama an der oberen Plattform erahnen, die weit über den Baumwipfeln liegt. In luftiger Höhe an- und leicht aus der Puste gekommen, lassen sich im Norden und Nordosten der Arber und die Bayerwaldberge sowie der bayerische und tschechische Böhmerwald ausmachen. Nach Osten hin erstreckt sich das Mühlviertel mit seinen lieblichen Hügeln, Wiesen und Auen. Bei Föhnwetter ist die klare Fernsicht von Südost bis Südwest einmalig: Die Alpenkette scheint dann zum Greifen nahe. Die Panoramatafeln auf der Plattform weisen auf die verschiedenen Gipfel hin. Man erkennt das Tote Gebirge, den Dachstein und das Kaisergebirge. Schilder am Fuß des Turmes informieren über die Region.

Im Winter indes ist der Aufstieg wegen der Schneelage und möglichen Glätte nicht empfehlenswert. Jedoch können geübte und ungeübte Skilangläufer ab Thalberg das gepflegte Loipennetz der Gemeinden Wegscheid, Breitenberg und Sonnen nutzen.

Für Semmeln aus der Bäckerei Stemplinger im nahe gelegenen Kasberg fahren viele Menschen weite Wege, daher sind die Semmeln rasch weg. Darum bei der freundlichen Bäckerin vorbestellen.

76

Bergwinklhof
Monigottsöd 4
94110 Wegscheid
08592 1606
www.bergwinklhof.de

KRETA IM BAYERWALD

Bergwinklhof in Monigottsöd

Beim Geruch von Mist in der heißen Sonne denkt Steffen Jacobs an seine Zeit in Griechenland. Er erinnert sich an die Lehrjahre auf Kreta Anfang der 1980er-Jahre, als er bei Nikos Kavgalakis im Dorf Margarites den Umgang mit Ziegen und Schafen erlernte. Sein Mentor war zudem ein Meister in der Tradition des Töpferns großer Tongefäße.

Zurück in Deutschland machte Steffen Jacobs die Handwerkskammer in München auf die Keramik von Nikos Kavgalakis aufmerksam. Der Kreter wurde zu Ausstellungen eingeladen und reiste mit seinen Kreationen jedes Jahr zum renommierten Diessener Töpfermarkt an. Sogar für die Neue Sammlung der Pinakothek wurden Stücke seiner Kunst angekauft.

Auf dem Bergwinklhof in Monigottsöd, einem unwirklich schönen Ort im Bayerischen Wald an der österreichischen Grenze, haben Steffen Jacobs und seine Frau Susanne eine biologisch-dynamische Landwirtschaft mit Ziegen, Schafen, Schweinen, Rindern und Hühnern aufgebaut. Dort verkaufte Jacobs fortan auch die Gefäße von Nikos Kavgalakis. Wenn die Ziegen abends von der Weide in den Hof laufen, kommen sie an den beeindruckenden Töpferwaren vorbei, einige sind mit Zitronen- und Olivenbäumen bepflanzt.

Doch was für den Hof zählt, ist die Landwirtschaft: Alles, was die Jacobs produzieren und verkaufen, unterliegt Demeter-Kriterien. Hergestellt und verkauft werden Fleisch, Wurst, Eier und Käse (auf Anfrage). Die Jacobs vertreiben ihre Waren vor allem auf dem Markt in München. Ab Hof wird nur nach telefonischer Absprache verkauft.

Als 16-Jähriger wurde Steffen Jacobs für seinen Traum, Biobauer zu werden, belächelt. Was er heute lebt, entspricht mehr als reinen biologischen Standards. Er versorgt seine Familie mit frischen Lebensmitteln, er betritt keine Supermärkte und schaut kein Fernsehen. Wenn er in seiner Küche den frisch geschleuderten Honig kostet, ist er wieder dieser 16-Jährige, der den Geschmack von Freiheit im Mund schmeckt.

Ein Wanderweg unterhalb des Bergwinklhofs führt ins Bärnloch, ein anderer Weg geht auf den idyllischen Eidenberger Lusen. Spannend!

77

Haus am Strom
Am Kraftwerk 4
94107 Untergriesbach
08591 4629960
www.hausamstrom.de

Gasthaus-Pension Kornexl
Am Jochenstein 10
94107 Untergriesbach
08591 1802
www.gasthaus-kornexl.de

LEBEN IM UND AM FLUSS

Umweltstation *Haus am Strom* in Jochenstein

Wie viel Wasser wird benötigt, um eine Aluminiumdose oder eine Jeans herzustellen? Und wie viel verbraucht eine spanische Tomate? In der spannenden Ausstellung der Umweltstation *Haus am Strom* in Jochenstein können Kinder und Erwachsene eine Menge über ihren eigenen Wasserfußabdruck lernen.

An Mikroskopen können sie zu Forschern werden und erfahren, welche Tiere sich in welcher Wasserqualität wohlfühlen und wie man erkennt, wie belastet Gewässer sind. Die Steinfliegenlarve braucht nämlich im Gegensatz zur Zuckmückenlarve eine viel sauberere Umgebung. Sehr geschickt und spielerisch, durch viele multimediale Stationen und Mitmachideen schärft die Ausstellung die Sinne und thematisiert alle wichtigen Bereiche des Donauengtals: Natur, Energie und Wasser.

Anhand eines großen Landschaftsmodells gewinnen Besucher einen Überblick über das Tal von Hofkirchen bis Aschach, in kleinen Schatzkästchen erhalten sie interessante Informationen zur Region, und sogar Smaragdeidechse, Äskulapnatter und ein großes Aquarium mit Fischen sind zu bewundern. Das Mitmachangebot ist groß: Am Simulator ein Boot über die Donau steuern, lustige Fischschwärme mit dem Bild des eigenen Gesichts kreieren oder kleine Tiere unter der Lupe betrachten. Wer in einem Raum in die Pedale tritt, kann sogar selbst Strom erzeugen.

Draußen lockt nicht nur ein Spielplatz, sondern auf einer Länge von 3,5 Kilometern und mit 18 Stationen der Erlebnisweg. Buchbar sind sowohl Ausflüge ins Naturschutzgebiet als auch für Kinder die sehr beliebten Themenwanderungen. Bei Letzteren kann man nicht nur Tiere und Natur bestaunen, sondern auch Schätze heben oder einen Kriminalfall lösen. Direkt neben dem Haus steht zudem das größte Wasserkraftwerk Deutschlands, das nach Voranmeldung ebenfalls besichtigt werden kann.

Man bleibt beim Thema und sitzt schön am Wasser: Der *Kornexl* in Jochenstein serviert Donaufisch.

78

Wanderung nach Untergriesbach
Startpunkt: Schloss Obernzell
Schlossplatz 2
94130 Obernzell
www.obernzell.de
www.untergriesbach.de

Gasthaus Lanz
Marktplatz 16
94107 Untergriesbach
08593 235

WO EINST DIE LOK DAMPFTE

Wanderung nach Untergriesbach

Viele Wege führen nach oben, doch nur wenige sind historisch bedeutend. Auf geschichtsträchtigen Pfaden wandelt man von *Obern*zell im Tal hinauf ins höher gelegene *Unter*griesbach. Die Widersprüchlichkeit der Ortsnamen rückt auf der fünf Kilometer langen Strecke in den Hintergrund, wurde sie doch einst von einem legendären Transportmittel genutzt.

An dem Obernzeller Schloss folgt man zunächst der Bundesstraße und biegt kurz vor dem Ortsende rechts in den Hochhäuslweg ein. Nach etwa 200 Metern zweigt man auf den Wanderweg links ab. Noch vor wenigen Jahrzehnten herrschte hier heftige Betriebsamkeit, als sich alte Loks von dem auf 300 Metern liegenden Markt Obernzell nach Untergriesbach über 250 Höhenmeter hinaufquälen mussten. Ruß, Pfeifen und metallisches Geklapper waren von 1913 an ständige Begleiterscheinungen dieser damals revolutionären Bahnverbindung. 1979 ging dem »Schnauferl« schließlich die Luft aus. Andere neue Verkehrsmittel besiegelten das Ende. Viele Naturkatastrophen taten ein Übriges, obwohl noch heute die grandiosen Wildbachverbauungen erkennbar sind.

Aus der alten Zugstrecke mit bis zu sieben Prozent Steigung wurde zu Beginn dieses Jahrhunderts eine idyllische Route geschaffen. Der gleichmäßige Anstieg lässt Wanderer oder Fahrradfahrer nie aus der Puste kommen. Auenwälder, Kräuter, Farne und Pilze wachsen am Wegesrand. An einem Rastplatz auf halber Strecke werden an Schautafeln die technischen Daten der einstigen Lokomotiven sowie Reststücke von Gleisen und Zahnradschienen dokumentiert. Der historische Pfad endet in Tabakstampf, von wo ein kurzer Fußmarsch auf der Straße oder über Feldwege nach Untergriesbach führt. Zur Stärkung dort eine Wurstsemmel in der weltbesten Metzgerei Heindl am Marktplatz kaufen!

Ein Schmuckstück in Untergriesbach ist der Gasthof Lanz in der Ortsmitte. In urgemütlicher Atmosphäre kann man sich an vergangene Zeiten erinnern. Die Bushaltestelle liegt direkt vor dem Lokal und bringt Wanderer zurück nach »unten« zur Donau – nach Obernzell.

79

Halser Ilzschleifen
Startpunkt Rundwanderweg 11: Bushaltestelle Hochstein Hochsteinstraße/Ecke Perlfischerweg
94034 Passau
www.ilztal.de

Gasthof Zur Triftsperre
Triftsperrstraße 15
94034 Passau
0851 51162
www.zur-triftsperre.de

DIE SCHWARZE PERLE

Naturschutzgebiet Halser Ilzschleifen

Wer mit wenig Aufwand einen Abstecher ins Grüne machen möchte, erreicht vom Passauer Stadtteil Hals mit wenigen Schritten ein Paradies. Folgt man im Perlfischerweg der Ilz, gelangt man rasch ins Naturschutzgebiet der Halser Ilzschleifen. Parkmöglichkeiten befinden sich am Hochstein, wo ebenfalls ein öffentlicher Bus hält. Wunderschöne naturbelassene Wanderwege führen von dort am Flussufer durch den Wald.

Den Beinamen »*schwarze Perle* des Bayerischen Waldes« hat die Ilz wegen ihres dunklen Wassers erhalten. Die Färbung stammt von den ausgewaschenen Huminstoffen der Moore und Fichtenwälder in den Hochlagen des Einzugsgebiets des Flusses. Er macht auf seinem Weg in die Stadt Passau zwei Schleifen, wodurch auf einer überschaubaren Fläche völlig verschiedene Wasserlandschaften entstanden sind.

Auf der Wanderung dahin durchquert man sumpfige Auwälder, Buchenwälder und felsig-trockene Abschnitte, die von Kiefern und Eichen bewachsen sind. Geht man, begleitet von Wasserrauschen und Vogelgezwitscher, den Rundweg 11 ab der Bushaltestelle Hochstein, führt ein 15-minütiger Marsch zu einem 115 Meter langen Tunnel. Er lässt sich gefahrlos durchqueren, auch wenn er unbeleuchtet ist. Erbaut zwischen 1827 und 1829, als auf der Ilz noch Holz getrieben wurde, diente er als Abkürzung und Triftsperre. Dadurch konnten ein Teil des Fischbestands sowie Mühlen von Schäden durch die Flößung verschont werden. Mit dem Bau der Eisenbahn fand diese ihr Ende.

Das heutige Ilztal ist Lebensraum und Heimat seltener Tierarten. Mit etwas Glück lassen sich türkis-orange schillernde Eisvögel oder Gänsesäger beobachten, die im Gegensatz zu Stockenten Fische fressen. Zudem findet sich die Flussperlmuschel, auch wenn ihr Bestand leider schwindet.

Machen Sie auf dem Wanderweg Rast im Biergarten des Waldlokals *Zur Triftsperre.*

80

Ausstellungsraum zur Marienkirche im Kloster Niedernburg
Gegenüber dem Museum Moderner Kunst
Bräugasse 17
94032 Passau

SPANNENDE ZEITREISE

Ausstellungsraum zur Marienkirche

In einem etwas versteckten Winkel in der Altstadt kann man auf eine spannende Zeitreise gehen: Im Kloster Niedernburg in der Bräugasse wurde dem ältesten Gotteshaus Passaus durch ein spannendes architektonisches Konzept wieder Leben eingehaucht.

Mitte des 12. Jahrhunderts dürfte die Marienkirche entstanden sein, von der nach einem Brand 1662 nur die Stümpfe der Westtürme und die dazwischenliegende Vorhalle übrig geblieben sind. Die romanischen Wand- und Deckengemälde in diesem Raum stammen aus der Zeit um 1200 und sollten auch langfristig erhalten werden. Die daraufhin entstandene Konstruktion und Neugestaltung eines Vorraums, der durch das Passauer Architekturbüro Erwin Wenzl in Zusammenarbeit mit Ingrid Höber-Caspari unter Einbindung von Passauer Schülern entworfen wurde, stellt ein einzigartiges Projekt dar. Das Konzept für die Ausstellungs- und Dokumentationsfläche wird von den Gedanken getragen, einen Blick auf die historischen Malereien zu ermöglichen und zugleich eine Idee des nicht mehr vorhandenen Kirchenschiffs zu vermitteln.

Durch ein »Fenster« an der Ostseite können die Besucher ohne Einschränkung die Gemälde im benachbarten Profanum betrachten. Die auf der gegenüberliegenden Westseite neu gebaute halbtransparente Fassade gibt einen Eindruck der einstigen Marienkirche. Durch eine Stahl-Laser-Fassade entstehen bei entsprechendem Lichteinfall der Raumeindruck und eine faszinierende Atmosphäre.

Im Ausstellungsbereich wurden neuzeitliche Putze von den Wänden entfernt, die stadtgeschichtlichen Schichten freigelegt und durch wenige neuzeitliche Gestaltungselemente überlagert. So wird die Historie Passaus fortgeschrieben.

Die Heiligkreuz-Kirche gehört auch zum Klosterkomplex. Sie beherbergt die Gebeine der seligen Gisela. Die bayerische Adelige heiratete einen ungarischen König, ging nach dessen Tod um das Jahr 1000 nach Passau und wurde Äbtissin in der Abtei Niedernburg.

81

Drucklädchen Heidi Freyberger
Steinweg 18
94032 Passau
0851 34805

Confiserie & Café Simon
Am Rindermarkt 10
94032 Passau
0851 4909569
www.simon-passau.de

ES WAR EINMAL… ALLES ANALOG

Drucklädchen Heidi Freyberger

Was ist Papier in Zeiten der Digitalisierung noch wert? Wer schreibt noch Briefe auf handgeschöpften Seiten oder kümmert sich überhaupt um deren Qualität? Wer überlegt sich noch ausgefallene Motive für Ansichtskarten? All diese Fragen lassen sich in einem kleinen Laden am Passauer Steinweg in herrlicher Vielfalt reflektieren. Man übersieht ihn beinahe, weil er nicht mit lauter, auffälliger Dekoration auf sich aufmerksam macht. Aber wer einmal seine Schwelle übertreten hat, der kommt aus dem Schauen nicht mehr heraus.

Das Drucklädchen von Heidi Freyberger ist übersichtlich, doch die Auswahl an Besonderheiten ist riesig. Edle Notizbücher und andere ausgefeilte Buchbindearbeiten, Drucke, Karten für alle Anlässe, Briefpapier mit außergewöhnlichem Dekor und noch vieles mehr füllt die Regale. Bestellungen treffen aus ganz Deutschland, Europa und sogar aus den USA per Telefon und Fax ein. Eine Webseite gibt es nicht – in der Druckerei und Buchbinderei wird aus Überzeugung ausschließlich der analoge Weg beschritten und damit den Wert des Papiers in doppelter Hinsicht gelebt.

Mit wunderbaren Mustern und Farben heben sich die Arbeiten im Drucklädchen vom Angebot anderer Geschenkartikelgeschäfte in der Stadt ab. Und die Artikel sind exklusiv, da man sie nirgendwo online bestellen, sondern nur hier und jetzt in diesem Laden erwerben kann. Dadurch wird der Einkauf zu einem Erlebnis, bei dem man zudem erfährt, wie sich das Papier anfühlt und wie Ideen zu bestimmten Motiven entstanden sind.

In allen Ecken zu sehen ist die schönste Handarbeit, inspiriert und geschmackvoll. Wer Papier in seiner feinsten Ausführung liebt, ist bei Heidi Freyberger goldrichtig und wird darüber hinaus sehr freundlich beraten. Ein durch und durch guter Geist durchweht dieses Geschäft mit seinem einzigartigen Angebot.

Ein paar Schritte weiter befinden sich der Paulusbogen und der Rindermarkt, wo man es sich im *Café Simon* bei besten Kuchen richtig gut gehen lassen.

82

Biowirtshaus
Zum Fliegerbauer
Stelzlhof 1
94034 Passau
0851 9883439
www.biowirtshaus.de

Ökologisches Zentrum
Passau Stelzlhof e.V.
Stelzlhof 1
94034 Passau
www.stelzlhof.de

TRADITIONELL UND KREATIV

Bio-Wirtshaus *Zum Fliegerbauer*

Um ein echtes Bio-Wirtshaus zu sein, gehört viel mehr dazu, als biologische Zutaten zu verwenden. Und um ein Traditionsgasthaus wie den *Fliegerbauer* dauerhaft am Laufen zu halten, muss man als ganze Familie fest zusammenhalten. Daher trifft man meist sowohl die Seniorchefs Charly und Doris Fliegerbauer als auch deren Sohn Moritz Fliegerbauer an, der die Küche auf dem Stelzlhof verantwortet.

Beeindruckend, wie es der Familie gelingt, gutbürgerliche Gerichte Jahr um Jahr mit hoher Qualität zuzubereiten und gleichzeitig die Lust auf neue Kreationen zu wecken. Dass stets saisonal und regional gekocht wird, ist nur ein Aspekt, der den Gästen ein gutes Gefühl vermittelt. Dies stellt sich auch durch Moritz Fliegerbauers Können ein, traditionellen Rezepten immer eine überraschende Prise hinzuzufügen. Was am Ende wunderbar klingt und schmeckt, fußt auf großer Erfahrung, grandiosem Mut und setzt begnadete Kreativität voraus. So dürfen sich Gäste über Sommerblütentopfen mit Brennnesselsamen und geröstetem Gewürzbrot freuen, über Krapferl vom Rehbock in Kirschsoße mit Erdäpfelstampf oder Doradenfilet in Ingwer-Zitronenkruste, serviert mit Rosinencouscous und mariniertem Kohlrabi. Oder man lässt sich den butterweichen Schweinebraten auf der Zunge zergehen, der auf der Karte natürlich nicht fehlen darf.

Wo andernorts steril mit Sternen geprahlt wird, erfährt man beim *Fliegerbauer* noch das Glück, im bodenständigen Ambiente eines alten Gutshauses ehrlich bekocht zu werden. Dass zusätzlich sehr persönliche und freundliche Stimmung herrscht, man drinnen wie draußen gemütlich sitzen kann und die Kinder Platz zum Spielen haben, darf man wohl ein äußerst gelungenes gastronomisches Konzept nennen. Etwas außerhalb von Passau, mit Parkplätzen vor der Tür.

Der Stelzlhof beherbergt nicht nur das Gasthaus *Zum Fliegerbauer*, sondern ist auch Ökologisches Zentrum in Passau mit wechselnden Veranstaltungen und Angeboten.

Ausblick von der Veste Oberhaus auf die Passauer Altstadt

TEXTVERZEICHNIS

BILDVERZEICHNIS

WEITERE LIEFERBARE

Lieblings-plätze

ISBN 978-3-8392-0044-5

ISBN 978-3-8392-2613-1

ISBN 978-3-8392-2837-1

ISBN 978-3-8392-2616-2

ISBN 978-3-8392-2632-2

ISBN 978-3-8392-2731-2

ISBN 978-3-8392-2732-9

ISBN 978-3-8392-2628-5

ISBN 978-3-8392-2621-6

ISBN 978-3-8392-2625-4

ISBN 978-3-8392-2838-8

ISBN 978-3-8392-2630-8

ISBN 978-3-8392-2631-5

ISBN 978-3-8392-2929-3

ISBN 978-3-8392-2932-3

ISBN 978-3-8392-2931-6

ISBN 978-3-8392-2925-5

ISBN 978-3-8392-2622-3

ISBN 978-3-8392-2619-3

ISBN 978-3-8392-2618-6

ISBN 978-3-8392-2615-5
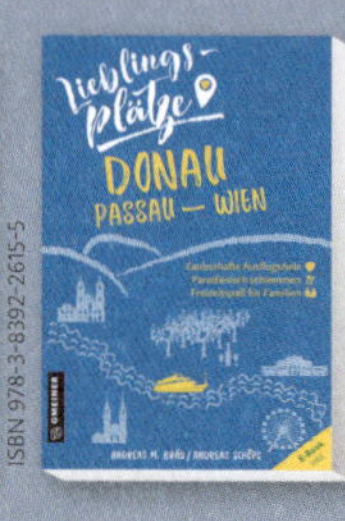

ISBN 978-3-8392-2629-2
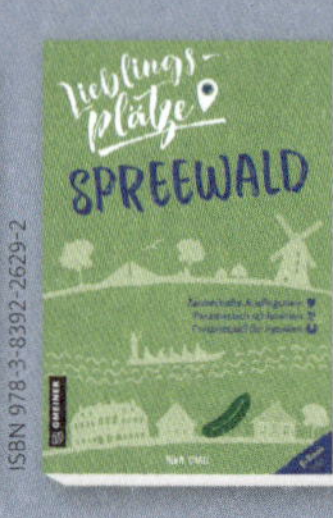

ISBN 978-3-8392-2734-3
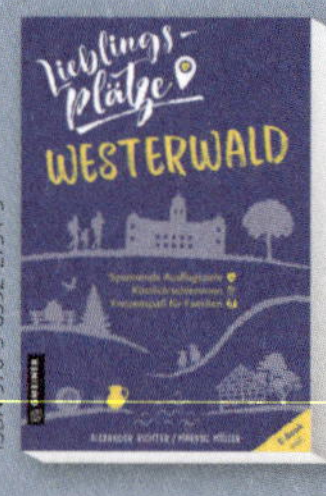

ISBN 978-3-8392-2627-8

ISBN 978-3-8392-2617-9

ISBN 978-3-8392-2635-3

ISBN 978-3-8392-2633-9

ISBN 978-3-8392-2612-4

ISBN 978-3-8392-2405-2

ISBN 978-3-8392-2614-8

ISBN 978-3-8392-2839-5

ISBN 978-3-8392-2624-7

ISBN 978-3-8392-2623-0

ISBN 978-3-8392-2611-7

ISBN 978-3-8392-2545-5

ISBN 978-3-8392-2620-9

ISBN 978-3-8392-2634-6
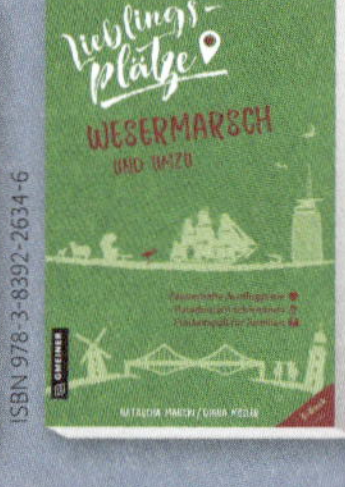

ISBN 978-3-8392-2930-9

ISBN 978-3-8392-2927-9
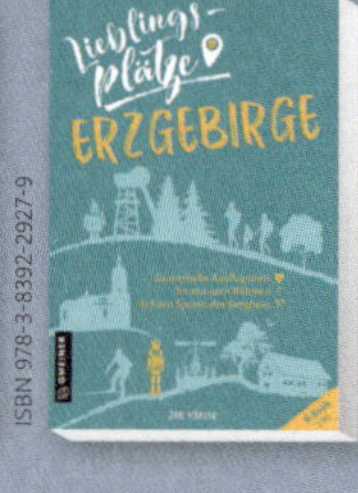

ISBN 978-3-8392-2926-2

ISBN 978-3-8392-2924-8

ISBN 978-3-8392-0043-8